MARIA LÍVIA TOURINHO MORETTO

O QUE PODE UM
ANALISTA
NO HOSPITAL?

MARIA LÍVIA TOURINHO MORETTO

O QUE PODE UM
ANALISTA
NO HOSPITAL?

O que pode um analista no hospital?
4ª edição - 4ª Reimpressão 2025

Copyright © 2020 Artesã Editora
É proibida a reprodução total ou parcial desta publicação, para qualquer finalidade, sem autorização por escrito dos editores.
Todos os direitos desta edição são reservados à Artesã Editora.

Direção
Alcebino Santana

Direção de Arte
Tiago Rabello

Ilustração de Capa
Cadeira de Van Gogh (A cadeira e o cachimbo)

Diagramação
ERJ Composição Editorial

Dados Internacionais de Catalogação na Publicação (CIP)
Angélica Ilacqua CRB-8/7057

Moretto, Maria Lívia Tourinho - O que pode um analista no hospital? / Maria Lívia Tourinho Moretto. - Belo Horizonte : Ed. Artesã, 2019.

ISBN 978-85-7074-000-7

1. Psicanálise 2. Hospital – aspectos psicológicos 3. Psicologia clínica I. Título

13-0186   CDD 362.11019

Índices para catálogo sistemático:
1. Hospital – aspectos psicológicos

As opiniões expressas neste livro, bem como seu conteúdo, são de responsabilidade de seus autores, não necessariamente correspondendo ao ponto de vista da editora.

IMPRESSO NO BRASIL
Printed in Brazil

📞 (31) 2511-2040   (31) 99403-2227
✉ www.artesaeditora.com.br
📍 Av. Rio Pomba 455, Carlos Prates- Cep: 30720-290 | Belo Horizonte - MG
📷 ƒ /artesaeditora

"Se as coisas são inatingíveis – ora! – isso não é motivo para não querê-las."

Mário Quintana

Dedicatória

Para Adriana e Fernanda, que pela simples razão de existirem me permitem saber sobre o amor infinito, verdadeiro, leve... causas belíssimas do meu feliz desejo...

Agradecimentos

Ao meu pai, por tudo que sempre foi.

À minha mãe, doce companheira, mão amiga que me conduziu desde os primeiros passos, até hoje.

Ao Toni, meu esposo, por estar do meu lado na luta da vida, e na festa também.

Ao Christian Dunker, amigo a quem tanto admiro, pela alegria que me deu ao ler e criticar o meu texto, ao escrever o prefácio.

Ao Prof. Dr. Luís Cláudio Figueiredo, meu orientador, pela precisão com que orientou minha liberdade, por em fazer acreditar no valor das minhas ideias.

A tantos e tantos amigos, colegas, professores e alunos, médicos e pacientes que contribuíram e ainda contribuem para a minha formação.

Sumário

Prefácio 13

Capítulo 1
O Que se Faz Quando se Faz Psicanálise? 19

Capítulo 2
Psicanálise e Medicina 61

Capítulo 3
O Psicanalista no Hospital: Obstáculos, Limites e Alcances 97

Capítulo 4
A Psicanálise no Cotidiano do Hospital 113

Capítulo 5
Considerações Finais – O Que Pode um Analista no Hospital? 207

Referências Bibliográficas 213

Prefácio

O Que Pode um Analista no Hospital?

Maria Lívia Tourinho Moretto,
São Paulo, 2002.

Uma Aula Clínica

Reconciliar a prática da psicanálise com o espaço do hospital parece ser a tarefa maior deste livro. Curiosa reconciliação se pensamos que é no hospital que ela aparece na herança da tradição clínica francesa representada por Charcot na Salpetrière, mas também por Freud no Hospital Geral de Viena e igualmente por Lacan em Saint Anne. Não se trata de uma circunstância europeia. Juliano Moreira, Franco da Rocha e Durval Marcondes eram ao que se saiba médicos e reconhecidos como grandes clínicos. A história da psicanálise no Brasil mostra que bem antes do surgimento de cursos de psicologia já não apenas se falava em psicanálise mas se ensaiava sua prática nos ambulatórios quer de hospitais gerais quer de hospitais psiquiátricos. Então o que teria acontecido para que mais de 50 anos depois seja preciso um livro como o de Lívia Moretto para nos afirmar a pertinência e incidência da psicanálise no hospital? Mudou a psicanálise ou mudou o hospital? A argumentação de Lívia é clara e irretorquível: *psicanálise*. Não psicoterapia de base analítica, escuta analítica ou trabalho psicanaliticamente orientado. Psicanálise, como no início, com suas vicissitudes, limitações e inquietações. Esse retorno parece trazer consigo algo que andava um tanto quanto esquecido tanto pela psicanálise quanto pelo hospital, algo que marca profundamente a origem de ambos os campos, ou seja: a cena clínica.

Uma cena que se vê subvertida e reinventada pela psicanálise. Muito se diz que a clínica está desaparecendo, que a técnica e a supremacia do protocolo fazem cada vez mais do clínico um funcionário de regras anônimas. Compreensível para nossa época. Clinicar é tomar decisões, logo riscos. Clinicar requer um pensamento e uma escuta implicada, logo desejo. Finalmente clinicar implica "saber fazer", logo saber.

É neste espaço formado pela ética, pelo saber e pelo poder que Lívia estabelece as bordas de uma experiência. O livro que se tem em mãos é portanto, de saída, um livro propedêutico. Muito antes de ser apropriado pela medicina o termo grego referia-se ao que prepara para o ensino mas também o que antecede uma formação ética. Neste sentido trata-se de um estudo que cria condições, trava premissas e marca diferenças sem no entanto silenciar a experiência ou fazê-la reduzir-se à reprodutibilidade de si mesma.

Neste sentido o texto contém uma curiosa ironia. É um texto sumamente clínico que pode ser lido como uma recordação aos médicos sobre sua própria cena primária. No entanto quando a psicanálise volta ao hospital a cena clínica já é outra. É Outra cena. Agora ela chega como discurso em exterioridade à ordem médica, não mais como intimidade anômala.

A clínica é soberana, mas o que é a clínica? Seria o seu rigor o rigor da ciência? Seria sua ética a do hospital? Neste caso qual deles? – o da hospitalidade ou a do hospedeiro, ou ainda o do hospitalismo? Seria sua força extraída ou deduzida da ordem médica?

É realmente impressionante como ao estabelecer clara e distintamente as premissas da ação do analista, ao retomar ponto a ponto os princípios de método e os fundamentos éticos da psicanálise o presente texto ultrapassa questões clássicas na área. Vemos como nas relações entre medicina e psicanálise, assim como nas relações entre psicologia e psicanálise, pululam não falsas questões nem equívocos produtivos. O que vemos são simplesmente problemas mal colocados. Vemos desconhecimento mais que ignorância. Depois do trabalho de Lívia fica um certo rubor nessa história. Como, durante tanto tempo, motes vazios tais como "Não se fará psicanálise no hospital, afinal não há condições para isso" puderam funcionar longe de qualquer exame mais apurado da questão. "Não é isso que se pede lá". "Não é isso que se precisa lá." Argumento semelhante se fará em relação à escola, às instituições e mesmo ao hospital psiquiátrico. Mas de onde vem a autoridade desta interpelação? É isso que o trabalho crítico de Lívia nos faz perguntar. Que psicanálise é esta que se identifica ao imaginário de uma profissão e aos conformes de sua integração social?

Neste sentido Lívia subverte a lógica do território e da disciplina que condena cada um ao seu lugar e o seu lugar a cada um. Lógica cujo produto é a luta pela hegemonia, pelo lugar do outro. Com elegância e ponderação vemos surgir uma posição para a psicanálise que não é nem a de concorrência à medicina nem propriamente de submissão. O que se acompanha surgir é a força da clínica. Mas isso não será feito por soluções biopsicossociais, nem qualquer mistura combinatória, somatória ou compensatória. Clareza de posição, distinção de meios, reconhecimento de fins. É por esta via que Lívia afirma a força da diferença sem reduzi-la à dinâmica da hierarquia. A diferença, portanto, funciona de modo constitutivo e, curiosamente, pacificador. A *extraterritorialidade* não indica portanto caráter angelicamente privilegiado para a ação, mas necessária exclusão, reflexão constante sobre a assimilação e justificação de seu fazer.

Não é preciso responder a demanda, da ordem médica nem do paciente... mas também não é preciso recusá-la. É isso que Lívia mostra, verdadeira experiência dialética clínica em ato. De forma sóbria e humilde ela nos dá um testemunho de como faz. Como em qualquer outro lugar está aí o psicanalista: não integrado, não adequado, *impostura necessária*.

Vemos então que é este procedimento de coragem intelectual que permite apreender para além da fenomenologia da prática a estrutura de seu dispositivo. É só neste nível que se pode verificar no que consiste o *caráter psicanalítico de uma prática*. Isso é realizado por intermédio de uma apresentação do próprio tratamento psicanalítico. Esta trajetória é feita três vezes ao longo do livro. Primeiro através de uma exposição teoricamente rigorosa e extremamente acessível do desenrolar do tratamento. Segundo por um reexame desta trajetória considerando minuciosamente as condições particulares do hospital e da ordem médica que o constitui como sistema simbólico. Terceiro pela apresentação circunstanciada de doze casos clínicos onde pode-se verificar os temas, problemas e asserções antes discutidos.

A arquitetura do texto é portanto arriscada, em acordo com a experiência que ele testemunha. Aqui Lívia revela sua destreza como pesquisadora. Afinal trata-se de uma dissertação de mestrado pela PUC-SP. Dissertação em primeira pessoa, densa em conceitos e muito próxima no estilo enunciativo. Adequado portanto tanto à textura do problema quanto à natureza da argumentação: testemunho clínico. Evita-se assim equívocos comuns. Em nenhum momento tem-se a impressão de que os casos funcionam apenas para ilustrar o já sabido, ou que as discussões em torno da ordem médica são meramente acessórias a uma posição já resolvida. Pelo contrário, é sempre a clínica quem dá a última palavra e muitas vezes contra ambos: ordem médica e discurso psicanalítico. Acompanha-se passo a passo a vida das pessoas em torno do transplante, o drama da internação, a tragédia da finitude. Inversamente decantam-se nessas histórias clínicas as boas e más intenções, os acasos constitutivos, as formas mais cruéis da repetição e do Real.

Aqui cabe mencionar o lugar crucial que um texto como este assume no atual panorama da produção brasileira no campo da psicanálise de extração lacaniana. Após um primeiro momento caracterizado pela decifração e apresentação dos conceitos fundamentais tivemos uma segunda etapa dominada pelo tema das conexões. Enquanto isso tinha-se pouca notícia sobre a prática clínica, cuja apresentação parecia estar precedida de intermináveis prólogos condicionantes. Isso se compreende na medida em que se formara uma reserva consensual com relação à retórica do experiencialismo, característica de algumas práticas psicanalíticas e também psicológicas. Estamos vindo de um período de aversão à dominação empirista em psicanálise. Mas, eis o equívoco: experiência não é empiria. Se o caso não diz nada em si mesmo, se o mero relato, descrição ou apresentação vivencial simplesmente não é argumento, coloca-se então a questão: como testemunhar esta experiência? Como transmiti-la no universo público do saber? O mesmo destino crítico se pode dar aos proclamas de eficácia e retidão metodológica. Para que a clínica tenha a última palavra é preciso saber produzir a experiência do conceito e o conceito da experiência. É preciso três voltas como fez Lívia, todas elas diferentes em sua identidade estrutural.

O conjunto fica portanto com este formato de um autêntico romance de formação (Bildungsroman) onde de forma espiralar reencontramos os princípios elementares se repetindo produtivamente. No caminho começa a falar aqui e ali o cotidiano do hospital. Na mais pura tradição freudiana vemos reaparecer os conselhos aos jovens psicanalistas diante do desafio da clínica. Os resultados como consequência não como objetivo, o sujeito como condição não o sintoma pré constituído, a formação da demanda, a localização do sintoma, a atenção à transferência: temas que vão formando uma trama sem regras, uma regularidade sem normas. Os casos apresentados são, nesta medida, uma aula clínica. Não se vê a marcha triunfal de um saber em exercício retilíneo, nem a retórica do sucesso. Muito mais próprio para a cena de que se trata o tom predominante é de perspectivismo, de investigação criativa, de hesitação refletida; uma verdadeira aula clínica.

Christian Dunker

Capítulo 1

O Que se Faz Quando se Faz Psicanálise?

1.1. Em busca de um lugar

A questão surge a partir de uma negação amplamente difundida: não se pode fazer Psicanálise no hospital. Dito isto, eu, que, a uma certa altura da minha caminhada profissional, havia me envolvido intimamente com a teoria e a prática psicanalítica, ao ser contratada para trabalhar num hospital, e não sabendo enxergar os fatos com outra lente que não fosse a da Psicanálise, me perguntei o que então faria um analista no hospital, tendo de deixar de lado aquilo que sabia fazer?

Diante da variedade de propostas psicológicas, me deparei com a inconsistência das mesmas. Jamais acreditei que fosse possível um caminho psicanalítico reversível, muito menos que fosse possível um desvio da estrada psicanalítica durante as horas que o profissional estava no hospital, bem ou mal, escutando qualquer coisa que se dissesse.

Mas se eu estava num hospital me propondo a trabalhar, foi porque assim escolhi. E, portanto, tomando desejo e "proibição" da atuação psicanalítica como uma questão inclusive e, principalmente, de análise, começou a nascer este trabalho.

Fiquei a me perguntar várias coisas. Primeiro, talvez numa demonstração de teimosia peculiar, se não era mesmo possível fazer

Psicanálise no hospital. Resolvi que não poderia aceitar isso como uma verdade irrefutável antes de testá-la. Tomei forças emprestadas da frase lacaniana "Não recuem diante da psicose" e modifiquei isso para mim: não recue diante do hospital, ali há *gente* que fala e, mais ainda, que deseja, que precisa falar. Ora, se *um fala e outro pode escutar, havia pelo menos uma "luz no fim do túnel", talvez fosse possível trabalhar.* E avancei em direção ao Inconsciente.

Evidentemente, ao mesmo tempo que resolvi iniciar esse caminho, até para testar a minha hipótese, procurei entender o porquê *não* da Psicanálise no hospital. Os argumentos que encontrei, estes sim muito consistentes, eram também questões para mim. E com um estatuto de questão, careciam pelo menos de uma tentativa de resposta pensada.

Entre esses argumentos que poderiam impossibilitar a Psicanálise no hospital ou, melhor dizendo, entre aquilo que para mim eram questões, estavam as seguintes:

- Como se pode fazer Psicanálise quanto entre paciente e analista está a instituição? Como fica a questão da transferência?
- Como se pode fazer Psicanálise fora daquilo que se denominou *setting* analítico?
- Como se pode fazer Psicanálise em tão pouco tempo de contato?
- Como se pode analisar alguém à beira da morte?
- Qual seria a atuação do analista perante a equipe multiprofissional?
- Como fica a questão da demanda de análise, se no hospital quem se oferece é o analista?

Enfim, o que quero dizer é que transformei esses argumentos que poderiam impossibilitar a Psicanálise no contexto hospitalar em questões minhas. E comecei o meu trabalho de pesquisa, praticando.

Foi preciso definir ou talvez redefinir a Psicanálise, a cada obstáculo que surgia no meu caminho.

Talvez seja preciso explicitar a situação que encontrei pela frente, para esclarecer o meu percurso.

Diante do ainda desconhecido, uma coisa eu sabia, e isso me deixava tranquila; só tinha de escutar, observar. Porque um analista pode não saber o que fazer, mas o que não fazer, isso, seguramente, ele sabe. Percebi logo que não viria um pedido, e nada mais justo do que perguntar a quem me contrata "o que queres de mim?". Doce ilusão! Essa resposta não vem, pelo menos de forma clara e objetiva. Comecei a entender que era preciso *interpretá-la, decifrá-la*. A princípio não era de todo mau para um analista fazer isso, mas interpretar a partir do silêncio do outro não deixa de ser um risco grande, pois o perigo é que a conclusão seja fruto apenas do imaginário do analista e que ele comece a atuar referenciado no seu desejo, e não na demanda de quem contrata os seus serviços. Essa é uma das coisas que um analista não deve fazer. É necessário interpretar a partir do que se escuta; só mesmo a palavra se presta a uma interpretação analítica.

Surpreendentemente, ao perguntar literalmente "o que queres de mim?", respostas vagas e imprecisas me levaram a supor que a instituição – ou aqueles que a representam – não sabe de fato o que deseja (no sentido psicanalítico do termo desejo) de um psicólogo, muito menos de um analista. Levando a sério o distanciamento que existe entre demanda e desejo, quer dizer, que nem sempre aquilo que se demanda corresponde ao que se deseja, que na grande maioria das vezes quando se demanda não se faz a menor ideia de qual é mesmo o desejo que determina essa demanda, percebi que a demanda da instituição é clara e objetiva. No entanto, para complicar a situação, é uma demanda que não pode ser respondida tal como ela é formulada, porque, em última análise, ela é distorcida.

Comecei a fazer a analogia, que para mim foi o início da Psicanálise no hospital, da instituição com o paciente atrapalhado, que chega ao nosso consultório sem saber muito bem o que quer do profissional, pensando apenas que ele pode resolver algo que ele, o paciente, não sabe exatamente do que se trata, mas que por si só não conseguiu resolver e que por vezes sequer tentou.

Apurada a demanda da instituição, esta era da ordem do *acalmar, eliminar* qualquer espécie de angústia que estivesse circulando no ar, *convencer* os pacientes de alguma coisa que ainda não se conseguiu, de socorrer aquele, qualquer que fosse ele, que estivesse despencando.

Pus-me a pensar nesses pedidos, nesses significantes: acalmar, eliminar, socorrer, convencer. Decifrei isso como "tapar um buraco". Para ser mais precisa (no sentido, inclusive, de necessária), eu haveria de encontrar fórmulas e estratégias antiangústia.

E o que é angústia? É aquilo que, de acordo com a teoria lacaniana, ocorre quando não se tem significantes que simbolizem o *buraco* no *Real*. Ou seja, acabar com a angústia é fazer com que o angustiado fale, signifique o seu *buraco*.

Bem, primeiro observei silêncio. Tendi a interpretar o silêncio com o meu imaginário; não daria certo. Resolvi apurar o pedido, que, em última análise, era eliminar angústia. Eu sabia que a única forma para atender a esse pedido era provocando a fala, e isso por um lado me tranquilizava, porque essa não é uma tarefa impossível para um analista; muito pelo contrário, é isso que ele tem de fazer. Mas, por outro lado, dizer prontamente *"sim, eu eliminarei angústias" seria estar me colocando numa posição de saber insustentável, ou, melhor dizendo, seria assumir a posição de um Outro absoluto, capaz de obturar a* fenda existencial inerente a cada ser humano e desta forma fechar qualquer possibilidade de "salvação" do sujeito e, inclusive, de salvar-me enquanto uma profissional reconhecida, no mínimo, como promissora. Penso no paciente do consultório que chega nos pedindo que faça com que ele amanheça o dia seguinte sem angústia, sem querer falar o que lhe angustia, que ele deixe de ser tímido, por exemplo, com uma palavra mágica, sem falar sobre a sua timidez. Dizem *sim*, responder a essa demanda é impossibilitar a análise da angústia. No entanto, dizer *não*, sem antes relançar o discurso de quem demanda, é perder o paciente. Dizer *não* à instituição que lhe pede que obture *buracos* é, sem sombra de dúvidas, perder o emprego, por alguma razão, desejado.

Sendo assim, não podendo dizem *sim* nem *não*, impõe-se a necessidade do silêncio. Silêncio que me remete ao silêncio do analista. Existem situações em que é preciso não dizer nada. Silêncio responsável, no sentido de que ele é uma resposta a essa demanda, que provoca no ouvinte a suposição de saber. Pois bem, suposto o saber, ou, melhor dizendo, colocado o analista nessa posição de *sujeito suposto saber* (posição esta imposta pelo próprio analista e que de certa forma não deixa de ser uma impostura necessária para que se faça Psicanálise, onde quer que esteja o profissional), descobri que há um lugar para o analista na instituição. E é só a partir desse lugar que ele pode operar analiticamente.

Que lugar é esse?

1.2. O percurso de Freud

Eis aí o X da questão: definir as condições necessárias para que uma Psicanálise seja, de fato, Psicanálise. Em que consiste o caráter analítico de uma prática?

Essa questão torna-se fundamental porque quando escutamos alguém dizer que é psicanalista não temos elementos necessários, só a partir da palavra psicanalista, para entender o que é que esse alguém quer dizer com isso, ou seja, o que é que ele diz que faz quando diz que é psicanalista, que faz psicanálise. A princípio, imaginamos que no mínimo é alguém que leu Freud e trabalha com os conceitos de inconsciente, sintoma, resistência, transferência e interpretação.

Se isso fosse tudo, não existiriam controvérsias entre psicanalistas, não existiriam psicanálises e psicanálises, não existiriam as diversas instituições, cada uma delas defendendo uma linha de trabalho, e cada uma delas afirmando com a máxima convicção que aquelas que praticam é a verdadeira Psicanálise, é o fiel cumprimento à descoberta freudiana e que o outro que se diz psicanalista e que não segue a cartilha da mesma escola é um impostor, um irresponsável, um charlatão, e coisas do gênero.

O que nos interessa não é "levantar bandeiras", mas é, a princípio, examinar com clareza essa variedade de interpretações que a partir da obra de Freud fez germinar tantas "psicanálises" e, consequentemente, tantos tipos de psicanalistas, e o resultado disso é uma certa confusão no que diz respeito aos conceitos teóricos, à articulação destes, ou seja, à prática psicanalítica. Isto porque o que nos interessa é uma definição, se é que isto é possível. Então, diante dessa briga pela legitimação da Psicanálise, vale a pena que nos decidamos, o mais criteriosa e rapidamente possível, para podermos praticar. É preciso que tentemos sempre saber o que estamos fazendo, para que não façamos "qualquer coisa".

O que é evidente é que o que sustenta uma psicanálise é o procedimento freudiano. Isso significa dizer que é preciso tomar ou retomar sempre Freud como referência. O que temos absoluta certeza é que os diversos psicanalistas não discordam entre si no seguinte: *não há psicanálise sem transferência*. E o que é a transferência, esse elemento fundamental comum a toda e qualquer prática psicanalítica?

Vamos começar a tomar essas questões a partir de uma busca de rigor teórico, ético. Tentemos uma formalização teórica do procedimento freudiano, para que esta não seja confundida com um formalismo prático.

A descoberta freudiana não seria propriamente a existência do Inconsciente, mas a formalização deste como um fator determinante do psiquismo de um sujeito humano. O axioma do determinismo psíquico é o axioma da Psicanálise. O que Freud fez a partir dessa descoberta? Inventou o psicanalista, aquele que se propõe a analisar o psiquismo, aquele que, por meio de um procedimento bastante específico, promoveria a revelação do Inconsciente com o objetivo terapêutico de livrar o sujeito da angústia causada por aquilo que é seu, mas do qual ele nada sabe.

Portanto, se a Psicanálise é um procedimento terapêutico, o que se pode considerar, a princípio, é que *não há análise sem analista*. Um analista é aquele que se propõe a tratar de sujeitos a partir do axioma do determinismo psíquico inconsciente. O que está em questão no tratamento psicanalítico é o sujeito do Inconsciente. Portanto, a intervenção analítica difere nitidamente da intervenção médica, social, psicológica e de qualquer outra que não tenha como objetivo tratar desse sujeito.

Todo o malabarismo de Freud, a partir do fracasso do tratamento hipnótico e da utilização da sugestão, está na convicção de que é preciso que o sujeito tome consciência de que há nele próprio algo inconsciente, sob o que chamou de recalque, determinando os seus sonhos, os seus sintomas. Os seus chistes, suas atividades e seus atos falhos, enfim, o seu discurso. Isso quer dizer que o sujeito não é, de todo, senhor do que diz; há um outro que fala nele. Então, a proposta de Freud (que em verdade foi uma sugestão de uma paciente) foi de que o paciente associasse livremente, falasse tudo que lhe viesse à mente, pois só assim seria possível ao analista detectar esses elementos inconscientes que apareceriam no seu discurso, quando menos o paciente esperasse.

Foi essa convicção que caracterizou um primeiro momento da conceituação que Freud fez a respeito do analista. No início, para intervir no tratamento, o analista freudiano precisaria ser suficientemente observador, inteligente e sagaz para captar e decifrar os mistérios dos sintomas que lhe eram contados com sofrimento, e a partir dessa decifração revelar para o paciente o X de seu sintoma--enigma. Isso demarca uma posição do analista diante dos mistérios explicitados na fala do paciente: a de que ele sabe e que vai revelar esse saber para fazer desaparecer o sintoma. A Psicanálise foi, em primeiro lugar, a arte de interpretar.

Tudo teria continuado como estava se o Inconsciente, a princípio dócil, não tivesse se fechado às intervenções analíticas, e Freud teve, então, de se dedicar à análise das resistências, pois ele logo percebeu que a força que fazia com que o paciente desobedecesse a regra fundamental da associação livre era a mesma que mantinha vivo o sintoma e chamou essa força de resistência. Era preciso então que se encontrasse formas para superar essa resistência, esse fechamento do Inconsciente, curiosamente também promovido pelas intervenções do analista. A partir do momento que essas resistências fossem superadas, Freud acreditava que sobreviria à consciência do paciente esse *outro*, esse *estranho* ao sujeito, mas que reside nele mesmo. A partir do momento que este estranho se tornasse familiar, isso promoveria a resolução de todos os conflitos neuróticos, e o sujeito poderia então considerar-se (ou ser considerado) curado.

Um fato curioso e que merece ser ressaltado é que, apesar dos esforços do analista para abrir o Inconsciente à decifração, "prometendo" assim a cura do sujeito, o Inconsciente se fecha, e ao se fechar não muda propriamente a ideia de Freud sobre o que seria terapêutico, pois ele, no texto "Recordar, Repetir e Elaborar" (1914), insiste no fato de que para curar-se é preciso que o sujeito recorde o que foi esquecido, preencha as lacunas de sua memória, a fim de trazer à consciência aquilo que, estando sob repressão, no Inconsciente, provocava-lhe efeitos maléficos. O que vai mudar, então, a partir da dificuldade que Freud encontrou ao longo dos anos é o seu método de trabalho. Ele resolveu, então, após abandonar a sugestão hipnótica, e assim que percebeu que o paciente resistia às suas decifrações, utilizar-se do que chamou de comunicação ao paciente. Se o paciente resistia às decifrações do analista, Freud acreditou que comunicando a ele que ele resiste e orientando-lhe no sentido de dizer que isso lhe era nocivo, o paciente poderia, então, decidir-se por abandonar essa resistência dita maléfica para recordar-se do que havia esquecido.

Convicto do que estava fazendo, pois seguia uma sequência lógica na prática, a partir de suas conceituações teóricas, quando investia seriamente numa atividade que apresentava como científica e terapêutica para os males da mente humana, para sua grande surpresa começa a surgir um fato absolutamente inesperado; no entanto, perfeitamente lógico: o amor. Em "Observações sobre o Amor Transferencial" (1915) ele nos conta que suas pacientes, a uma certa altura do tratamento analítico, diziam que já não precisavam recordar de nada, que já estavam curadas dos problemas que as fizeram buscar um analista e que agora se encontravam em estado de paixão, amando aquele que as escutava, e que, portanto, já não se interessavam mais pela análise, e sim pelo analista.

Poderíamos arriscar dizer que isso que Freud veio a chamar de amor transferencial não estava, de forma alguma, previsto em sua teoria. No entanto, ele se sai muito bem, a partir do momento que interpreta esse novo elemento como fazendo parte dessa relação mesmo entre analista e paciente, e não como um obstáculo externo, que, entanto tal, seria impossível de ser alcançado e tratado pelo próprio dispositivo que havia criado, o dispositivo analítico. Freud, ainda em "Observações sobre o Amor Transferencial" (1915), nos diz que esse elemento surge, a princípio, como um elemento parasitário do trabalho analítico, que é praticamente a criação de uma nova neurose no lugar da primeira, e diz também que isso seria um fenômeno inevitável, pois é, antes, a mais pura expressão da resistência.

E ficamos a nos perguntar por que, no momento em que o analista, confiante na boa vontade, no empenho, e no desejo de cura que o paciente teria, se propõe a realizar os esforços terapêuticos necessários para atender à demanda de cura que lhe foi feita, por que é nesse momento que o paciente resiste ao tratamento? Por que ele age com o analista como se o analista não fosse um profissional que está ali para tratá-lo, mas uma pessoa que lhe é familiar, como se com ele tivesse intimidades e estivesse absolutamente à vontade para cobrar-lhe o amor que acha que merece?

Se Freud entendeu esse surgimento do amor transferencial como uma expressão de resistência, o que podemos nos perguntar é: a que o sujeito resiste? Freud já havia detectado a resistência como um elemento inevitável e já havia elaborado o dispositivo para tentar superá-la. Como dissemos antes, ele comunicava ao paciente que ele resistia. O que é curioso e importante é que após essa comunicação é que o paciente passa a expressar essa afeição peculiar pelo seu analista, o que significa dizer que a inesperada transferência tem uma função evidente de satisfazer à resistência. Portanto, concluímos: diante da resistência, quanto mais a tocamos, mais ela aumenta. Se comunicarmos ao ego do paciente (esse que pediu desesperado uma ajuda terapêutica) que ele resiste à cura, ele vai, em seguida, "desistir" dela, através da criação disso que Freud denominou de uma nova neurose, da neurose transferencial.

Mas, voltando à questão acima, a que o sujeito resiste? Freud percebeu que desde o começo o paciente vem resistindo às suas intervenções e parece que ele resiste a um sofrimento maior. Ora, se o paciente era forçado por seu analista a desistir de sua resistência para recordar-se do material que estava sob a forma da censura, e mesmo assim ele continua a resistir também pela neurose transferencial, deduzimos daí que o paciente resiste à revelação de um saber. Portanto, para ele, a revelação desse saber, às custas da superação das resistências, estaria significando um sofrimento maior.

No entanto, sabemos que o sofrimento maior para qualquer neurótico tem sempre a ver com a reedição de sua *castração constitutiva*; quer dizer, o neurótico é aquele que não suporta perder nada, é aquele que vive maquinando fórmulas e estratégias para não perder mais nada, de nenhum lado. Ao passar pelo processo da castração (o que evidentemente é o que está sob recalque), ele deixou de ser objeto fálico da mãe, objeto primordial do desejo do outro, para vir a ser um sujeito marcado pela falta, um ser faltante e, portanto, um ser falante (Bleichman, 1984). A partir daí, respeitando a singularidade de cada caso, a trama neurótica sempre vai girar no sentido de recuperar (tentar recuperar, melhor dizendo) o que ficou perdido para sempre.

Sendo assim, o paciente neurótico resiste à revelação de um saber que tem a ver com a sua castração, com a sua falta primordial. Poderíamos dizer que o neurótico não se sabe faltante, embora sinta as consequências dessa falta em sua pele, no dia a dia, mas ele supõe que a sua falta é uma falha que precisa ser corrigida, talvez pelo próprio analista. E, em troca de que ele se permitiria perder mais alguma coisa, ele se deixaria passar de novo pelo dissabor da lembrança da castração? Em troca de amor (e não do saber que Freud propunha), em troca de encontrar o objeto que vive a procurar e nunca encontra, o objeto que quando pensa que encontra logo descobre que não é exatamente ele que lhe proporciona a sensação fálica de ter encontrado o par perfeito. Enfim, passamos a entender melhor como é que o paciente passa da pura resistência para expressá-la por meio da neurose transferencial (*"não quero saber de nada, quero amar e ser amado"*), atualizando, ao mesmo tempo, sua problemática estrutural: ele não quer saber-se faltante; prefere a ilusão de ser completo e, se é em troca disso, de ser objeto de desejo do Outro, amado e amante, sentindo-se não faltante, ele abandonaria toda e qualquer resistência, deixaria de lado o sintoma original de imediato, desde quando o analista recompensasse esse "esforço", colocando-se como par amoroso do paciente.

Isso nos faz pensar que, de certa forma, o desejo expresso por Freud de curar o seu paciente, a revelação desse desejo pessoal que, em última análise, era a expressão de uma necessidade de reconhecimento pessoal foi fator determinante para que as coisas chegassem a tomar esse rumo. Quem de nós nunca percebeu, em nossas clínicas, que quando desejamos muito a "melhora" de um determinado paciente, e num determinado momento da análise deixamos esse desejo imbuir-se em nossa fala, promovemos essa "melhora" com uma facilidade assustadora? Por que isso acontece? Porque tudo que um neurótico deseja é ser objeto do desejo do outro. E é nesse momento de suposta "melhora" que podemos imaginar que ele regride no caminho que vai em direção à cura, porque ele, ao supor-se indivíduo completo, sem faltas, se distancia do que Freud propunha, logo no início, que viesse a ser um sujeito tratado, aquele que se sabe dividido, que tem um inconsciente que lhe determina. Podemos então dizer, desde já, que o caminho da cura analítica não propõe a integração do sujeito que é, estruturalmente, dividido.

Portanto, haveremos de ter cuidado com o nosso desejo pessoal quando nos propomos a dar início a uma análise, porque se a cura analítica fosse apenas, como Freud pensou no início, a eliminação do sintoma original, se não tivéssemos de tratar dessa nova neurose, a Psicanálise seria uma tarefa terapêutica bastante simples, e, sabemos, isso não é verdade.

Pois bem, não era o que Freud esperava como resultado de suas pesquisas terapêuticas a criação de uma nova patologia. O que é importante assinalarmos nesse momento é que esse fenômeno amoroso fez Freud descobrir que o analista não é exterior ao psiquismo daquele que vos fala. O analista faz parte da economia psíquica e pouco sabe sobre ela.

Mas estamos percorrendo esse caminho para tentarmos responder à pergunta: "O que se faz quando se faz Psicanálise?". Já vimos que no início fazer Psicanálise era decifrar, interpretar o Inconsciente. Logo depois, fazer Psicanálise passou a ser analisar as resistências que impediam a decifração do Inconsciente. Freud achava que superadas essas resistências via comunicação do analista ao ego do paciente, este decidiria por abandoná-las em troca de lembrar do que, por alguma razão, havia recalcado. Freud chegava a insistir com o paciente que se antes ele havia recalcado o material porque sofreria com a tomada de consciência dele, que hoje, com a ajuda dele, analista, o paciente teria garantia de que o sofrimento, se viesse à tona, seria menor do que o sofrimento que ele estava tendo com o sintoma atual. E nem assim Freud conseguiu ter sempre êxito em sua tarefa terapêutica, tomando, a partir de então, como última esperança aquilo que chamou de neurose transferencial.

Quando ele percebeu a emergência do amor transferencial como uma expressão da resistência, também conseguiu perceber que ao mesmo tempo ele tinha um caráter de repetição; ele era, de certa forma, a atualização do material inconsciente que estava sob recalque. Da mesma forma como o sintoma original é um compromisso entre o desejo e a censura, o amor transferencial seria uma espécie de sintoma, obedeceria à mesma estruturação das outras formações do Inconsciente e, portanto, seria tão possível de ser interpretado como as outras. E talvez de maneira mais esperançosa, pois, segundo Freud, se na neurose original a libido estava dirigida para objetos irreais, na neurose transferencial ela se desloca para o objeto analista. A transferência, para Freud, se produz quando o desejo se aferra a um elemento muito particular, que é a figura (e não a pessoa) do analista.

Em "A Dinâmica da Transferência" (1912) Freud fala da repetição e descreve o sujeito como possuindo clichês estereótipicos, que se repetem de forma constante, reimpressos no decorrer da vida de cada um. Diz que a transferência é o momento em que o analista é *incluído* nesses estereótipos, o momento em que a carga libidinal introduz o analista numa dessas séries psíquicas que o paciente constituiu no decorrer de sua existência.

Incluído o analista como mais uma formação do Inconsciente do sujeito, é preciso lembrar que a relação analista-paciente não comporta a mesma exterioridade, por exemplo, que conserva a observação psiquiátrica. O analista é colocado num lugar no psiquismo do paciente, e ele precisa fazer um bom uso disso, pois é a partir desse lugar que ele vai poder operar, lugar este que lhe é comunicado pelo paciente como consequência da oferta que fez a ele de escutá-lo, na medida em que diz o que lhe vier à mente.

Freud, então, nos diz que é só no campo da transferência que as neuroses podem ser combatidas e, portanto, nos pede que só interpretemos quando a transferência já tiver se manifestado, pois a emergência da transferência indica que os processos inconscientes foram ativados. É nesse sentido que, para definirmos quais são as condições necessárias para que uma análise se dê, partimos do princípio que *não pode haver análise sem analista*, e que um analista para fazer Psicanálise, tem de levar em conta a transferência, porque sem isso ele não tem instrumento possível de trabalho.

Então, fazer Psicanálise seria, de forma conceitual, combater a neurose original no campo da transferência. É muito interessante notarmos a evolução de Freud, ao longo de sua obra, e da postura dele com relação a esse combate. Na Conferência XXVII: "A Transferência" (1917), ele diz que o fato de o paciente deslocar a sua libido para o analista desenvolvendo uma nova neurose não é o problema maior porque a partir desse momento o problema maior estava resolvido; ele podia dizer que o sintoma original, motivo pelo qual o paciente procurara o analista, este sim estava resolvido, e que era isso o que importava. Ele achava que muito provavelmente "uma pessoa que se tornou normal e livre da ação de impulsos instintuais reprimidos em sua relação com o médico assim permanecerá em sua própria vida após o médico haver se retirado dela" (Freud, 1979; p. 518). Doce ilusão de Freud, pois não foram poucos os casos de "recaída" da doença, de retorno dos sintomas anteriores ou desenvolvimento de novos sintomas, após o dito final do tratamento analítico. Se a libido abandonou os objetos anteriores em troca do objeto analista, por que razão ela teria de abandonar esse novo objeto? Isso é uma questão complicada, porque diz respeito à questão do final da análise. Como findar essa relação se ela foi o motivo pelo qual o paciente se livrou de sua neurose original?

Então, fazer Psicanálise não é exatamente analisar resistências, mas é tratar, em última instância, da relação do sujeito com esse Outro (analista) sendo que, se a transferência é a atualização do Inconsciente, poderíamos considerar que é essa mesma relação, do sujeito com o Outro (que no momento da análise é encarnado na figura do analista), a própria patologia. É, portanto, na relação com esse Outro que o constitui, que reside toda a patologia humana. E é a partir desse modo peculiar de relação que podemos diagnosticar um paciente em sua estrutura; estrutura que se repete, se atualiza na relação com o analista. Fazer Psicanálise passa a ser, então, manejar essa relação transferencial em direção à cura.

1.3. Sobre a direção do tratamento

Sabemos desde então que ocupa um lugar na estrutura psíquica do paciente a quem escuta. A partir daí, o que tem de fazer o analista? A resposta é uma só: dirigir o tratamento. Mas aí as questões que surgem são várias. Dirigir para onde? Qual é a direção da cura? O que exatamente pode e deve fazer o analista por aquele que se queixa em sua frente?

O procedimento freudiano não deixou margem a dúvidas sobre "o que fazer" do paciente. Ele tem a sua *regra fundamental* e, ainda que decida por não falar, o que tem de fazer, se quiser se analisar, é *associar livremente*. Por mais utópica e contraditória que seja a *regra fundamental da associação livre* que Freud deixou e determinou para os analisandos (utópica porque nenhuma associação é livre de censura e contraditória pois pressupõe um esforço para não se esforçar enquanto fala), o fato é que ele deixou uma regra a ser cumprida (ou não) pelo paciente que se propõe a fazer análise. Bem ou mal, é isso que ele tem de fazer.

E, o analista, o que tem de fazer? Diferentemente do seu paciente que não fica sem saber o que tem de fazer, Freud não deixou para o psicanalista uma *regra fundamental*. Poderíamos entender como o correspondente da *regra fundamental da associação livre* do paciente o que Freud chamou de *atenção flutuante*. Segundo Laplanche e Pontails (1977; p. 74), isto é: "Modo como, segundo Freud, o analista deve escutar o analisando: não deve privilegiar *a priori* qualquer elemento do seu discurso, o que implica que deixe funcionar o mais livremente possível a sua própria atividade inconsciente e suspenda as motivações que dirigem habitualmente a atenção".

O conceito de *atenção flutuante* nos remete à mesma utopia e contradição que observamos na *associação livre*, mas no caso do paciente que vai nos pedir tratamento ele tenta obedecer a esta regra, pois é a este preço que ele supõe que vai curar-se. O paciente submete-se à regra que o analista lhe dá em troca de cura. No entanto, a questão para o analista é um tanto mais complexa porque escutar sob *atenção flutuante*, ainda segundo Laplanche e Pontalis (1977; p. 74), "consiste numa suspensão tão completa quanto possível de tudo aquilo que focaliza habitualmente a atenção; inclinações pessoais, preconceitos, pressupostos teóricos mesmo dos mais bem fundamentados". Ou seja, escutar sob *atenção flutuante* é um paradoxo prático, pois o ideal não coincide com o real. Parece que o que Freud propõe é uma espécie de ignorância: alguém que sabe coisas mas que, voluntariamente, apaga até certo ponto seu saber para dar lugar ao novo que vai ocorrer. Essa não é uma tarefa simples para uma *pessoa*.

Sabemos que só mesmo uma análise produz um analista. Se ele fez a sua análise pessoal, ele sabe que não é do lugar de pessoa que terá de dirigir o tratamento do seu paciente; as suas inclinações pessoais, os seus preconceitos pouco devem importar na direção da cura do paciente, pois o ideal é que haja só um sujeito em análise, o analisando. Supõe-se que as tendências subjetivas do analista já foram analisadas, enquanto ele era analisando. Resta a ele os fundamentos teóricos, pois ele precisa ter critérios para dirigir o tratamento. Qual a possibilidade que tem um analista de articular *isso* que escuta com a teoria? O que tem ele de fazer com o que escuta para levar o paciente à cura? Como é, baseado em que ele tem de agir, porque sabemos, ele tem de agir enquanto o paciente se submete a falar o que lhe vem à cabeça, quando consegue?

A resposta poderia ser simples: ele tem de interpretar o que está sendo dito, a fim de que possa descobrir aí o que o Inconsciente está escondendo. Seria uma resposta satisfatória se não soubéssemos que não é uma *regra fundamental* do analista a da *interpretação livre*. Freud nos disse que é função sua decifrar, interpretar para levar à cura, mas não disse como efetuar essa função-interpretação (Soler, 1991). Desta forma deparamos com essa tarefa, deixada por Freud, e que nos faz questionar: o que é que regulamenta a intervenção analítica? Como relacionar o que se escuta do paciente, o que foi captado pela *atenção flutuante* com o corpo teórico?

Esta é uma dificuldade deixada por Freud, sentida pelos analistas desde o início. Diante das incertezas começaram a surgir, como respostas a essa dificuldade, as regras instituídas pela maioria, a instituição do "como-fazer", ou do "fazer como os outros fazem". No entanto, Freud alertou-nos contra as imitações; pediu que não fizessem de sua prática uma regra.

As instituições começaram a surgir, parece, com a pretensão de *suprir uma falta*, como um "Outro do analista que supostamente garante a execução de sua prática por intermédio de imposição de regras que devem ser cumpridas e propostas por meio de um contrato aos analistas" (Quinet, 1991; p. 10).

Surge, então, uma questão teórica e, consequentemente, que concerne à prática analítica, que é a seguinte: "[...] como podemos propor ao analisante uma espécie de concretização do Outro, sabendo que numa análise conduzida a seu término, o sujeito é levado a se confrontar com a falta do Outro [S], justamente porque o Outro falta?" (Quinet, 1991; p. 10).

Essa questão tem sua importância porque remete a outra questão fundamental: se o analista, como Freud nos ensina, ocupa um lugar na estrutura psíquica do paciente, qual o lugar que ocupa no dispositivo freudiano da cura? Se o paciente está "doente" por não se conformar com a *falta de objeto*, falta que o faz ser desejante, que o faz viver, é como objeto de gratificação de seus impulsos que o analista tem de se colocar diante do seu paciente? Claro que não, pois ele também não é o objeto que o neurótico procura, pois esse objeto está perdido para sempre, a partir da castração. Logo, o lugar que o analista ocupa não pode ser de objeto que proporciona gozo, satisfação, pois essa é uma posição impossível de ser sustentada. O seu lugar é de objeto, mas objeto causa de desejo. É não satisfazendo que ele pode fazer surgir o desejo do seu paciente. Sim, mas e daí em diante? Que o analista interpreta, isso Freud nos disse, mas quando e "como fazer"... isso deu margem para o "fazer como", para a imitação de regras instituídas.

Se a formação do analista está baseada na imitação e obediência a essas regras, ele não tem outra saída a não ser determinar ao seu paciente que imite e obedeça ao figurino, pois isso feito ele estaria, ao que imagina, constituído pela obediência do seu paciente, enquanto analista. Isso não é muito difícil de ocorrer, pois o que o paciente *paga* para *sentir* que tem um Outro que o determina, que se responsabiliza e sabe sobre ele, pois assim *sente-se* não faltante, alivia mas não trata do seu sofrimento. Esse tipo de analista, se é que podemos chamá-lo assim, se coloca numa posição de modelo ideal para o seu paciente, presentifica o Grande Outro enquanto fecha a possibilidade desse paciente continuar desejando.

Então, a partir do que vem sendo dito, o que podemos começar a concluir é que a direção de um tratamento analítico vai para além do desaparecimento dos sintomas originais apresentados pelo paciente ao analista no momento do primeiro encontro. O tratamento analítico, como já dissemos, centra-se no sintoma que é (re)produzido ali mesmo, na própria relação entre paciente e analista. Isto porque ele difere nitidamente de um tratamento do tipo médico, em que a cura se dá pelo desaparecimento dos sintomas, e isso é, na maioria das vezes, suficiente.

Uma Psicanálise visa à mudança da posição do sujeito em relação ao desejo do Outro. Considerando que o sintoma é uma resposta inexata ao desejo do Outro e numa tentativa de sistematizar o procedimento analítico, poderíamos arriscar uma metodização dos passos da análise, pois o término desta tem sempre a ver com o meio e o começo dela. Sempre que nos deparamos com questões do tipo "como fazer" com um paciente, convém que voltemos ao início, para saber como foi feita a entrada.

Desta forma, dizemos que na entrada estão as entrevistas preliminares. Preliminares a quê? À análise propriamente dita. É o que corresponde ao que Freud chamou, no texto "Sobre o Início do Tratamento" (1913), de tratamento de ensaio. Ele dizia que era o tempo de conhecer o caso clínico e tentar diagnosticá-lo, fazer uma avaliação clínica para saber se era um caso cujo diagnóstico correspondia às possibilidades de tratamento que a Psicanálise oferecia, pois era preciso que não se tomasse qualquer caso em análise, o que poderia, naturalmente, vir a desacreditar o seu método. Segundo ele, se um analista errava em seu diagnóstico, incorrerá num erro de caráter prático, imporá esforço inútil ao paciente e desacreditará sua terapia.

Então, está posta a importância de poder se fazer, nas entrevistas preliminares, um diagnóstico diferencial para que se possa direcionar o tratamento. O psicanalista deve ser capaz de concluir, de maneira prévia, a respeito da estrutura clínica da pessoa que veio consultá-lo. Ou, melhor dizendo, a partir das entrevistas preliminares, aí onde o sujeito fala e dirige a sua fala especificamente para o analista (colocando-o no lugar que lhe convém), este último deve tentar responder às seguintes questões: é um caso de neurose, psicose ou perversão? E, de acordo com o ponto de vista lacaniano, não vale responder dizendo que se trata de uma neurose com traços perversos, podendo beirar a psicose. Lacan diz que não pode haver recobrimento de estruturas, não dá para supor um só sujeito estruturado de maneiras diversas a partir de sua passagem pelo Édipo. Mas tudo isso não é tão difícil de ser entendido quanto é de ser precisado. Há casos em que o diagnóstico diferencial estrutural é dificílimo, porque por vezes o número de fenômenos apresentados e a diversidade deles termina por confundir o analista, que, por sua vez, termina diagnosticando o tal caso de "confuso". Ou, diante da estranheza dos fenômenos que lhe são apresentados, termina adotando o jargão psiquiátrico e classifica o caso como "atípico".

Mas, enfim, estamos nas entrevistas preliminares e no momento do estabelecimento do diagnóstico diferencial de estrutura. Falo de estrutura clínica, ou estrutura do sujeito, que me remete à forma pela qual ele foi constituído. E só podemos reconhecê-la por uma única via: a estrutura do discurso. Mais uma vez, o que tem de fazer um analista é escutar, pois a estrutura está na fala daquele que vos fala, e não é suficiente atentar apenas para o que fala o paciente, mas sim para o que fala, como fala e o que deixa de falar o paciente; tudo isso tendo como ouvinte o analista. Veremos, mais adiante, a importância capital para a direção do tratamento, do lugar que ocupa, na fala do paciente, este seu "parceiro" analista.

As coisas não são independentes umas das outras, mas só para tentarmos sistematizar um pouco mais: é nas entrevistas preliminares que é preciso também fazer a apuração da demanda. Afinal, o que demanda este paciente quando diz que quer análise? Nem sempre é análise o que ele demanda, pois nem sempre ele sabe que a análise implica mudanças da sua posição subjetiva. É isso que tem de ser feito para que haja entrada em análise. É uma espécie de questionamento que o analista impõe ao sujeito a respeito da posição que ele ocupa, qual a sua participação na desordem da qual se queixa.

O efeito disso pode ser, e é na grande maioria dos casos, o surgimento de uma demanda de análise, porque é quando o sujeito se vê dividido em seu ser, é quando ele percebe que há algo que fala nele e que diz respeito a ele mesmo, mas ele não sabe o que é, que ele paga (ao analista) para saber. Tal qual Édipo Rei, quando depois de ter negado inúmeras vezes a existência de alguns sinais que poderiam levá-lo a saber algo sobre si mesmo, num determinado momento da trama, ele se dá conta que aquilo tudo tem alguma coisa a ver com ele (aí há uma retificação das relações do sujeito com o Real). É nesse momento que alguns pacientes desistem, são casos em que o sujeito não paga para saber, não há demanda de saber (a saída é precipitada pela entrada), mas curiosamente são pessoas que não ficam em análise, porém saem bastante aliviadas quando se dão conta que são responsáveis por aquilo que chegaram chamando de destino ou de azar.

Não foi o que aconteceu com Édipo Rei. Ele não desiste e vai procurar saber de sua verdade, a qualquer custo (e sabemos que lhe custou os olhos!), e ele vai até o fim. É mais ou menos assim: um analista não tem de aceitar qualquer demanda e autorizar o início de uma análise. Há de se ter um quê de Édipo para fazer análise, é preciso querer saber de qualquer jeito.

Feita a retificação subjetiva, poderíamos dizer que o tempo das entrevistas preliminares seria suficiente e passaríamos ao segundo momento da direção do tratamento: o estabelecimento da transferência, que vem seguido pelo terceiro, a interpretação, conforme nos ensina Lacan em "A Direção do Tratamento e os Princípios do seu Poder" (1958).

É importante diferenciarmos a retificação subjetiva que se dá nas entrevistas preliminares do que é a interpretação. A retificação seria, por assim dizer, uma pré-interpretação. Porque um analista não pode interpretar nas entrevistas preliminares? Porque ele precisa do estabelecimento da transferência para fazer uma interpretação e para que sua interpretação venha a ter o efeito calculado. Ele até poderia interpretar antes (ele poderia interpretar fora, na rua, os neuróticos dão tanta bandeira!), mas nada disso teria efeito analítico, o neurótico não escutaria, ele interpretaria o que o analista dissesse na mesma linha que ele vem interpretando tudo. A neurose é isso, é responder ao mundo sempre da mesma maneira, assim como ele responde ao Outro com o seu sintoma; ele está neuroticamente inibido para responder de outra forma, conforme diz Freud no texto "Inibição, Sintoma e Ansiedade" (1926).

É só a partir da transferência que o analista vai poder operar de forma a promover, com os dois manejos possíveis, interpretação e ato analítico, a mudança da posição do sujeito em relação ao Outro, para que se possa chegar ao final da análise.

1.4. Sobre a transferência

Miller, em *Percurso de Lacan: uma introdução* (1978; p. 12-13), nos diz: "O que é próprio da psicanálise é operar sobre o sintoma mediante a palavra, quer seja esta a palavra da pessoa em análise, quer seja a interpretação do analista. Isso é o que tem que ser explicado, se o descobrimento de Freud é válido [...] Em outras palavras, a pergunta central, com relação à qual se mede a teoria da psicanálise, é a seguinte: Como pode o artifício freudiano, quer dizer, o procedimento da associação livre e o dispositivo da cura analítica, afetar o real do sintoma?"

É interessante notarmos que, quando Miller nos propõe essa pergunta, ao mesmo tempo ele está reafirmando o que diz Freud quando fala que a Psicanálise tem como única ferramenta de trabalho a palavra, e precisamente a palavra dirigida ao analista, a palavra que circula no contexto transferencial. Não há uma diferença entre a palavra que é dirigida para um médico e para um analista. No entanto, Freud propõe que o analista escute para além do conteúdo manifesto daquilo que se diz, caracterizando o sujeito falante como um sujeito dividido em seu discurso, um sujeito que *não sabe* de todo o que diz... O *eu* é mais um suporte da fala do que o agente dela.

No texto "Sobre o Início do Tratamento" (1913), Freud situa as condições de entrada em análise unicamente em relação à transferência. Espera-se do paciente que se "apegue" ao analista, dando-lhe a regra fundamental da associação livre, e, com relação ao analista, que ele não fale mais que o indispensável para fazer com que o paciente relance o seu discurso. Freud insiste que a intervenção do analista não deve ser feita antes de se haver estabelecido uma poderosa transferência.

Isto significa dizer que o sintoma-queixa só pode ser analisável, ou seja, ser sintoma analítico, quando incluído na transferência. O que o queixante pede a qualquer um é o alívio, pedido que traz em si o caráter de representatividade do sintoma. Pedir alívio não é pedir a decifração de algo; é pedir a extirpação de algo que é tido como estranho ao sujeito, e este pedido é exatamente aquilo que o analista não responde, ele o mantém, pois "é dado de experiência que o sintoma não conduz à análise, a não ser quando questiona, quando o analisando capta este incompreensível corpo estranho como próprio e portador de um sentido obscuro que o representa como sujeito desconhecido para si mesmo" (Soler, 1991; p. 28-29).

Como contrapartida a esse primeiro pedido de ajuda, de alívio, Freud é taxativo. Ele não responde, dado que a análise é uma verdadeira busca desse *saber que não se sabe*, o que demanda um esforço, esforço de trabalho por parte do paciente, pois a regra que lhe é dada é *associar livremente*. Freud dirige o discurso no sentido de fazer o paciente aceitar a regra fundamental, fazendo-o perceber que *sabe mais do que o que diz*.

É aí que, ao mesmo tempo, Freud indica a posição do analista, quando lhe impõe o silêncio ao pedido de socorro. "Se a regra implica o saber do analisando, o fato de suspender as revelações do analista situa o saber deste em uma posição particular, quase de encobrimento. É um saber que nem se expõe, nem se manifesta, que permanece, por conseguinte, apenas na reserva, digamos ... hipotético" (Soler, 1991; p. 32).

O que sabemos, da lição deixada por Freud, é que a clínica psicanalítica é uma clínica que se faz sob transferência ou, melhor dizendo, que não se faz análise sem se levar em conta a transferência.

É, portanto, o manejo da transferência que constitui o trabalho do psicanalista. Havemos, então, de nos perguntar: o que é isso que devemos saber manejar bem, para que a análise se dê?

Se nos voltarmos para Freud só podemos localizar a transferência em termos de fenômenos e afetos. Ora positiva, facilitando o trabalho do analista, ora negativa, fazendo valer o peso da resistência, a transferência freudiana se traduz pela vertente dos afetos. E seria tratando de interpretá-la para o paciente que Freud acreditou poder levar a cabo uma análise, o que significaria torná-la consciente para o paciente, como uma forma de repetição de algo interior em sua vida, assim conseguindo superar a resistência que impedia que viesse à tona o material reprimido. Freud nos diz, em 1925, no texto "Um Estudo Autobiográfico": "A transferência é tornada consciente para o paciente pelo analista, e é resolvida convencendo-o de que em sua atitude de transferência ele está *reexperimentando* relações emocionais que tiveram sua origem em suas primeiras ligações de objeto, durante o período reprimido de sua infância. Dessa forma, a transferência é transformada de arma mais forte da resistência em melhor instrumento do trabalho analítico. Não obstante, seu manuseio continua sendo o mais difícil, bem como a parte mais importante da técnica de análise" (1925; p. 57).

No entanto, já em 1933, na Conferência XXXIV: "Explicações, Aplicações e Orientações", Freud declara ao público que, numa análise, nem tudo pode ser trazido à luz novamente. Ele diz que há algo do sujeito do Inconsciente que permanece sob recalque ou, poderíamos dizer, há algo que se perde, que fica inacessível às palavras. E é, a partir dessa constatação fundamental que Freud passa a questionar o que seria, afinal de contas, o término de uma análise. Até onde vai uma psicanálise, que antes tinha como objetivo trazer à luz da consciência o material inconsciente recalcado, fazendo desta forma com que o ego do paciente, já ampliado e fortalecido em relação ao id, recuperasse o seu domínio?

Em momento algum Freud desistiu desse objetivo. Até o final ele fala que essa é a finalidade de uma análise. Mas o que é interessante pensarmos é se, com essa finalidade a ser atingida, conseguimos chegar ao fim de uma análise e dizermos que conseguimos alcançar o objetivo a que nos propomos. A resposta é não. Nem tudo, disse Freud, retorna do recalcado, nem tudo vem à tona; foi impossível curar o paciente do seu Inconsciente. Se no início da análise ele era um sujeito tratável, dividido em sua estrutura pelo recalque que o constitui como neurótico, ao final ele sairá como sujeito incurável, dividido do mesmo jeito, conforme diz Soler (1988), em sua Conferência: "Fins da Análise: História e Teoria".

Pois, então, a que se presta uma Psicanálise se o sujeito entra dividido e sai assim também? O que se ganha quando se faz análise? Se perde em muitas coisas, é verdade, se perde em tempo, dinheiro, ilusões, ideais... mas se ganha *saber*. Se isso é compensador, essa é uma questão que cabe a cada um responder!

Então o que queremos saber aqui é sobre a cura psicanalítica. Sabemos, desde o início, que só podemos chegar a ela pela via da transferência. Mas é preciso esclarecer melhor o que significa isso. Em "Análise Terminável e Interminável" (1937), Freud se pergunta novamente o que é o término de uma análise. E ele diz que: "De um ponto de vista prático, é fácil de responder. Uma análise termina quando analista e paciente deixam de encontrar-se para a sessão analítica. Isso acontece quando duas condições foram aproximadamente preenchidas: em primeiro lugar, que o paciente não mais esteja sofrendo de seus sintomas e tenha superado suas ansiedades e inibições; em segundo, que o analista julgue que foi tornado consciente tanto material quanto reprimido, que foi explicada tanta coisa ininteligível, que foram vencidas tantas resistências internas, que não há necessidade de temer uma repetição do processo patológico em apreço" (1937; p. 250-51).

Por aí fica claro que, para Freud, o término de uma análise está relacionado com o máximo possível de revelação de saber inconsciente. E é por isso mesmo que ele coloca em questão o que chama de análise interminável, na medida em que considera a impossibilidade de uma revelação completa, ou seja, a superação de todas as resistências e o preenchimento de todas as lacunas da memória.

Aqui chegamos a um ponto crucial que diz respeito à posição do analista no dispositivo da cura. Esta não é, como foi a do analista nos primórdios da Psicanálise, uma posição de saber sobre o Inconsciente do paciente para revelá-lo finalmente; em momento algum se pode dizer que o analista sabe sobre o Inconsciente. O que ele tem de saber é sobre como dirigir o tratamento, o que não é a mesma coisa que dirigir o paciente. Ele tem de saber o funcionamento do que Freud chamou de Inconsciente para manejar a transferência, mas a partir de uma posição, inicialmente, de *sujeito suposto saber*.

Posto neste lugar de *sujeito suposto saber* sobre o Inconsciente de quem fala (é esta função que o analista precisa sustentar para que a análise se dê) é que ele pode intervir no discurso daquele que, tendo entrado em análise, fala em busca da solução do seu enigma. É também desse lugar que o ato analítico pode ser efetuado.

Estamos dizendo, então, que o analista maneja a transferência a partir desse lugar de *sujeito suposto saber*, que é uma conceituação lacaniana. Isso implica dizer que Lacan vai além de Freud, pois situa a transferência para além dos fenômenos observáveis, coloca-a num nível transfenomênico. Ele trabalha a questão da transferência a partir das posições estruturais em que se colocam na situação analítica paciente e analista, fazendo sempre uma referência à estrutura clínica do sujeito, essa que se atualiza, que se repete na relação analítica. O sujeito, como dizia Freud, atualiza na transferência os seus conflitos neuróticos. É disso que estamos falando.

E se é sob transferência, e só sob transferência, que pode ser efetuada a cura analítica, a mudança de posição em relação ao desejo do Outro, é porque, quando dessa atualização repetida da relação do sujeito com o Outro na transferência, o paciente não encontra correspondência no seu "parceiro", que por não fazer parceria lhe abre novas possibilidades de resposta.

Freud diz, no texto "Esboço de Psicanálise" (1940), que na transferência o paciente traduz perante o analista, com clareza plástica, fragmentos importantes de sua história de vida que, se em vez de representá-los diante do analista tivesse apenas contado, teria feito um relato insuficiente (os atos viriam dar conta do que não é de todo dito pelas palavras). A questão é que o paciente repete, ali com o analista, exatamente aquilo que ele não recorda; o que ele atualiza é algo que não é novo, diz respeito ao material que está recalcado, e portanto o paciente repete pensando que é uma novidade o que está se passando com ele.

Segundo Freud, aí está a possibilidade do analista de manejar essa transferência para fazer o sujeito recordar. Já que o paciente repete a "cena" recalcada com o analista, é porque o paciente o inclui nessa cena, e, portanto, ele teria poder de sugestão. Freud fala da transferência também como sugestão. Freud diz ainda que o analista "pode modestamente admitir para si próprio que se dispôs a uma empresa difícil sem suspeitar sequer dos extraordinários poderes que estariam sob seu comando" (1940; p. 202). No entanto, ele nos alerta contra o uso desses poderes e diz que é preciso que o analista maneje bem a transferência para poder chegar aos objetivos da análise. Ou seja, é preciso saber se posicionar para poder operar na transferência, e essa posição tem a ver (tem a ver, não é a mesma) com a posição onde o paciente coloca o analista na relação transferencial a partir de sua trama edípica.

Para manejar a transferência o analista há de se perguntar em que lugar o paciente o está colocando, exatamente para não responder daí. O paciente vem funcionando, respondendo e interpretando o mundo de uma determinada forma há muito tempo. Assim ele vai fazer também com o analista. No início da análise ele vai interpretar que o analista fala e faz a partir do lugar em que ele põe o analista (e não do lugar em que o analista imagina ou deseja estar). Se ele o põe, por alguma razão absolutamente particular, no lugar de perseguidor, tudo o que o analista disser será perseguição. Nós damos sentido à fala das pessoas a partir do lugar em que as colocamos, e isso tem a ver com o lugar que imaginamos ocupar no mundo e perante os outros.

Talvez não fosse rodear a questão da transferência, pelo contrário, talvez fosse para nos aproximarmos mais do entendimento dela que valesse a pena tocarmos, ainda que muito brevemente, na questão da constituição de um sujeito.

Pois bem, o que ocorre quando um bebê nasce? Consideremos um primeiro tempo em que existem dois personagens e a relação entre ambos. A criança é identificada ao objeto de desejo da mãe, há uma equivalência entre bebê e falo que permite colocar a criança em posição de identificação ao falo materno. Não só ele é aquilo que a mãe deseja, como também deseja ser objeto do desejo da mãe, ou seja, seu desejo é o desejo do outro, e o que determina que o menino deseje ser objeto de desejo da mãe não é a dependência vital, mas a dependência de amor. Nesse primeiro tempo o menino se crê como sendo ele próprio o falo, aquilo que completa a mãe. Há uma relação rigorosamente dual que só poderá ser quebrada se a mãe procurar outra coisa além dele para a plenitude narcisista dela, se no seu Inconsciente o falo está simbolizado (Bleichmar, 1984).

Quando falamos de relação dual estamos falando de algo que tem a ver com o narcisismo, o imaginário. A criança recebe sua imagem a partir de sua relação com o outro, ela nos é dada pelo outro. No trabalho de Lacan sobre a fase do espelho, "O Estádio do Espelho como formador da função do Eu, tal como nos é revelado na experiência psicanalítica" (1936), ele nos diz que se colocarmos um espelho diante de um indivíduo teremos aquilo que representa a relação da criança com seu semelhante. Quando a criança se olha no espelho ela se vê vista pelo outro, e essa imagem é que vai possibilitar a constituição da imagem dela (o que não necessariamente guarda uma correspondência biunívoca com o que ela é).

Em função da condição de que o ser humano é muito imaturo quando é expelido da placenta, este fato determina uma aliança grande de dependência dele para com o outro que o cuida, que, se não estiver presente para tomar certas providências, ele morre.

Mas o homem é um ser de linguagem, e para aqueles que habitam o mundo da linguagem a questão da sobrevivência vai para além da satisfação da pura necessidade. A linguagem é uma contingência simbólica em que todos nós estamos inseridos, é condição que nos precede e nos sucede; desde que ele nasce está preso nessa estrutura de linguagem e depende dela, ele não pode decidir não ser um ser de linguagem, ainda que possa decidir não falar. Mas o que há de tão caro na palavra? Sim, porque o sujeito paga pelo que fala, e a Psicanálise nos ensina que o que foi dito está dito para sempre, é impossível consertar. E, mais ainda, se o dito popular é que as palavras se volatilizam, vale só o que é escrito, em Psicanálise o caminho é outro: as palavras faladas ficam porque têm o preço da existência do sujeito.

Então, o fato de o sujeito depender não só desse outro semelhante que o cuida, mas também desse grande Outro que é a ordem simbólica, a linguagem, o faz ser desnaturado, e a sua relação com o mundo é de mal-estar sempre. O mundo existe para dar gozo ao animal. O homem, a partir do momento que é um ser de linguagem, perde esse acesso direto ao gozo e fica no mal-estar, sendo que esse mal-estar é inerente à sua existência, e a Psicanálise não se propõe a adequá-lo com harmonia ao mundo porque parte da proposição de que ele é humano.

Na escala animal o modelo que eles vão ter um do outro é algo que lhes é dado precocemente. A fêmea, quando entra no cio, se possibilita ao coito e, depois que passa essa época biológica, ela não mais aceita o macho. A procura entre as espécies guarda um rigor matemático. Não é preciso, por exemplo, que a fêmea se perfume, se coloque ou deixe de se colocar para atrair o macho.

No campo do humano a coisa é bem diferente. A imagem que é dada como modelo sexual ao ser humano é precoce também, mas desde cedo é dito para ele que o modelo que lhe é dado para gozar lhe é também interditado, e é preciso então que ele passe a desejá-lo, com a ressalva de que lhe ficará inacessível para sempre. O humano esbarra aí com uma dificuldade, porque o modelo que lhe foi dado guarda uma certa insistência e marca sua existência. A relação do humano com o mundo não tem nada de natural e é no mínimo complicada. Quanto mais próximo do natural ele chega, dizem que ele está equivocado, e fatalmente se ele tem a possibilidade de gozar livremente é porque está em outro registro.

Se pensarmos na primeira vivência de satisfação de um bebê com o objeto que o gratifica, é possível que essa vivência seja da ordem do gozo. Mas o que ocorre é que quando ele vai outra vez em busca da satisfação, a segunda satisfação encontrada não é a mesma que ele esperava, porque esta ficou registrada como uma marca, mas está perdida para sempre. Esse movimento da busca do que foi perdido se chamou de desejo. É preciso que não haja mais gozo para que o sujeito possa se arriscar ao desejo, e esse objeto perdido é o que movimenta o ser humano (mesmo que ele não se dê conta que o busca repetitivamente a cada passo), porque, exatamente como perdido, se torna objeto causa de desejo.

A mãe, como ser falante, está submetida à mesma ordem simbólica, e a criança recebe a incidência da linguagem porque esta lhe é trazida de fora pela mãe. Ele lê as suas necessidades e também as constrói, ela lhe diz "tens fome", "tens frio", ela lhe dá um nome e diz "Você é X". Nesse sentido, Lacan coloca a mãe nessa relação primordial como ocupando o lugar do código, ou seja, a partir de onde é ocasionada a linguagem. A mãe é para a criança esse grande Outro, mas é também, ao mesmo tempo, o outro semelhante (esse que Lacan chama de pequeno outro e o escreve com letra minúscula), a imagem especular com a qual a criança vai se identificar e construir o seu ego enquanto semelhante, esse ego ideal que ele vê refletido e crê que é ele (Bleichman, 1984).

Se ele se crê falo, ele se identifica com um objeto imaginário, ele imagina ser tudo o que a mãe deseja. A mãe, se passou pelo Édipo e reconhece a sua castração, procura algo além dessa criança que pudesse fazê-la sentir-se perfeita e então pode simbolizar o menino como falo. Então, se ele é objeto de desejo da mãe, e ela lhe dita a lei, essa lei é onipotente e incontrolada, é uma lei de caprichos, que depende da boa ou má vontade da mãe, a qual a criança se acha (a) sujeitada, porque ela não é sujeito de nada, o seu desejo é o desejo do outro (Bleichman, 1984).

O que temos de fato nesse primeiro tempo é uma unidade narcisista em que cada um possibilita a ilusão no outro de sua perfeição e se produz um narcisismo satisfeito.

No entanto, se essa mãe que aparece como Outro absoluto está, por sua vez, submetida a uma ordem simbólica que a determina, esse é o passo primeiro que possibilitaria ao menino sair dessa relação dual de alienação para inscrever-se na ordem simbólica. E como se dá a entrada do menino nessa ordem simbólica? Freud, em "Além do Princípio do Prazer" (1920), caracteriza isso com o jogo do carretel, do "fort-da", em que a criança repete ludicamente o aparecimento e o desaparecimento da mãe, enunciando vocábulos que representam sua ausência e sua presença. Lacan diz que o fato de ela poder representar a mãe por um fonema, denuncia que esta é simbolizada pela criança. A mãe, podendo ser representada por um vocábulo, passa de um *status* de objeto primordial para um *status* símbolo: ela pode ser significantizada, já que o significante tem a propriedade de inscrever uma ausência. A relação dual, que era imediata, passa a ser mediada pela linguagem. Mas isso não se produz sozinho. É necessária a intervenção de um terceiro que apareça como interdição, como um não que priva o menino do objeto de seu desejo e que priva a mãe do objeto fálico. O menino deixa de ser o falo para ser um sujeito faltante (falante) quando vê que ela mira o seu olhar para alguma outra coisa supondo que aquela outra coisa teria algo que nem ela, nem ele, têm.

É necessário se fazer a diferença entre colapso narcisista e castração simbólica. No primeiro ele deixa de ser o falo, é a perda da identificação com o Ego Ideal. No último, o menino reconhece que falta algo à mãe que ela deve buscar em outra parte. Ele deixa de ser o falo, e este passa a existir para ele como independente de um personagem. No psiquismo do menino é o reconhecimento da castração da mãe e de toda pessoa, inclusive do pai (Bleichmar, 1984).

Se a partir da castração simbólica ele deixa de ser o objeto que iria satisfazer o desejo do Outro e se o desejo dele é sê-lo (ou voltar a sê-lo), a questão que fica é: qual é o desejo do Outro?

Se antes a criança era submetida a um Outro absoluto que fala para ela, agora ela se encontra diante de um outro barrado, que fica mudo, mas que lhe possibilita falar, é o tesouro de significantes. E a inauguração dessa cadeia de significantes do sujeito é o momento que corresponde ao recalque primário; ela que era falo, objeto imaginário, passa a uma posição de falta a ser, sujeito faltante, desejante.

O Édipo é o preço que se paga para advir como sujeito de um discurso, sendo então obrigado (o sujeito) a lidar com a falta, a castração simbólica, com o recalque que faz com que a verdade do sujeito jamais possa ser dita por inteiro, pois só por meio das formações do Inconsciente, que é fundado por esse recalque, é que algo de verdade do sujeito pode ser apreendido.

Lacan, no Seminário "O Desejo e sua Interpretação" (1958-59), nos ensina que é quando o sujeito é inscrito na ordem simbólica que ele perde a relação de naturalidade com o mundo. É preciso que ele perca sua essência para ganhar sua existência. Ele é colocado numa posição dolorosa, e essa dor é nada menos que a dor de existir como ser falante. Ele fica dependente desse grande Outro, e todo o seu movimento é em busca de um reconhecimento desse Outro para que ele se mantenha vivo. A busca desse reconhecimento, se há castração simbólica, consiste numa pergunta que o sujeito dirige para o Outro, já que ele perde a condição de objeto do seu desejo (esse Outro já não é mais completo, absoluto; é barrado e deseja algo que vai para além do sujeito), e a pergunta é: "Como queres que eu seja?". Aí está colocada a problemática de como se constitui um sujeito, porque essa questão o marca para o resto da vida, e nesse sentido poderíamos pensar em destino como uma marca registrada no próprio Inconsciente do sujeito. Como a castração faz o Outro calar-se, ele não responde, e então o sujeito intui a forma como ele imagina que sendo daquele jeito ele vai ser desejado. A essa resposta, a essa construção imaginária que marca a existência do sujeito, Lacan deu o nome de fantasma fundamental. Quer dizer, o sujeito vai tentar responder ao desejo do Outro com o fantasma, porque o que ele não suporta é o *vazio* dessa não resposta do desejo do Outro. É frequente a queixa do vazio, na clínica. Essa questão é o que marca a sua fala, o discurso do sujeito neurótico. Ele é aquele que traz para o analista questões sobre o sexo e sobre sua existência, é aquele que, tentando situar-se, dirige sua fala para o Outro querendo sempre confirmar suas próprias respostas, é aquele que se angustia como faltante. Nesse sentido devemos dizer que o sintoma neurótico é sempre feito para o Outro.

Em "A Direção do Tratamento e os Princípios do seu Poder" (1958), Lacan diz que a formação do sintoma neurótico se dá a partir de uma interpretação inexata do sujeito que tem a ver com o desejo do Outro. O sintoma é uma resposta ao desejo do Outro. Frente à falta, o sujeito faz sintoma para encobri-la. O sintoma é uma interpretação que complementa o sujeito, com o sintoma ele imagina que pode não ficar faltante. A interpretação analítica, então, é aquela que tem de apontar para a falta. A interpretação analítica tem a função de fazer continuar a associação, mas é também para fazer surgir o elemento faltante, fazer o sujeito se confrontar com a questão da falta.

Mas, como já dissemos, a interpretação analítica só terá efeito após o estabelecimento da transferência. Enquanto o analista não estiver colocado pelo paciente na posição de Outro, quer dizer, enquanto o analista for para o paciente uma pessoa, um outro semelhante, a sua fala jamais terá peso de interpretação. E como fazer para que o analista saia desse lugar de pequeno outro? Isso depende não do paciente, mas do manejo do analista na direção do tratamento. Durante as entrevistas preliminares ele tem de promover a retificação subjetiva, que é fazer o sujeito se dar conta que o problema dele não está nas relações do Eu com o mundo, e sim nas relações do sujeito com o seu objeto. A partir daí, num segundo momento (o estabelecimento da transferência), o que teria de ser efetuado seria uma retificação na posição do sujeito em relação ao Outro para que, num terceiro momento, pudesse ser efetuada a interpretação. Feita a retificação subjetiva, o sujeito quer saber algo sobre si próprio. Se ele tentou, com uma produção sintomática responder ao que ele imagina ser o desejo do Outro, já que esse Outro não responde, o que ele vem fazer na análise é, transferindo a questão para o analista, buscar confirmações a respeito de suas interpretações. Ou seja, ele vai colocar o analista num determinado lugar transferencial que coincide com o lugar que ele destina ao Outro de sua trama edípica. O momento do estabelecimento dessa transferência seria, portanto, o de fazer uma retificação na posição do Outro. Para dar crédito a esse Outro que está aí (que é o analista) ele tem de dar um outro lugar a ele, um lugar diferente do que ele vinha dando a esse Outro até então. Aí ele transfere saber, e o que o analista fala passa a ter efeito de interpretação, apontando para o desejo do sujeito em relação ao desejo do Outro, "o que o Outro quer de mim?".

É quando essa questão se atualiza na relação transferencial que fica clara a importância capital do analista estar apto a fazer um bom uso desse poder que a transferência lhe outorga. Se ele está colocado na posição de grande Outro, é de lá mesmo que ele não pode ceder ao seu desejo, porque o grande Outro jamais fala sobre o seu desejo, fazendo com que o sujeito vá de encontro com sua falta a ser. O amor transferencial é mais uma vez a atualização dessa questão, agora dirigida para o analista: "O que queres que eu seja para que possamos nos completar?".

De alguma forma, essa não resposta do analista, essa não parceria, Freud chamou de frustração. Em "Esboço de Psicanálise" (1940) ele diz que a transferência reproduz a situação edípica do paciente e que agora é no sentido da transferência que o paciente insistirá em ter satisfeitas as suas exigências (e, portanto, ser satisfeito). Ele diz que na situação analítica ele só pode defrontar-se com a frustração e que "uma rejeição desse tipo é tomada como ocasião para mudança".

Por fim, a clínica psicanalítica se faz sob transferência porque a transferência tem um poder, e esse é o poder de transformar a fala do analista em interpretação. Quando Lacan diz, no texto "A Direção do Tratamento e os Princípios do seu Poder" (1958), que o analista, apesar de pagar com o seu ser, com a sua pessoa, também paga com a sua fala, é porque, estabelecida a transferência, tudo o que ele fala tem efeito de interpretação. Por isso é que ele há de ter cuidado com o que fala, porque na verdade quem vai interpretar é o paciente. (Fala-se uma coisa com uma intenção, e ele interpreta outra!)

Então, o sujeito fez interpretações inexatas do desejo do Outro e fez sintomas. O analista faz uma interpretação que para ser exata tem de ser bem formulada. Exata no sentido de dar outra direção que não só aquela do sintoma. Uma interpretação é *uma* interpretação, não é a única. O analista vai fazer *uma* interpretação, e aí o sujeito vai ter a possibilidade de fazer outras interpretações dele próprio que não só a interpretação sintomática. Para tanto, a interpretação do analista não pode ser no sentido do velho, ela não tem de vir a confirmar as interpretações sintomáticas ou tratar daquilo que o sujeito já sabe. Ela tem de apontar para a falta e produzir algo novo, ela visa o desejo, este que só advém a partir da falta de objeto.

É preciso também que não nos enganemos pensando que a interpretação visa o desejo no sentido de satisfazê-lo, no sentido de apagá-lo, porque não é essa a proposta de Freud. Já que o sintoma tem como função satisfazer (pelo menos em parte) o desejo recalcado, recobri-lo, a interpretação analítica tem exatamente de apontar na direção do desejo, da falta, tem que fazê-lo surgir, o que, evidentemente, não se trata de tornar consciente o desejo no sentido de "já sei qual é o meu desejo!". Não é isso, porque sabemos que o objeto do desejo não é um objeto a ser alcançado. Ela visa uma mudança do sujeito com o seu desejo, uma mudança da posição do sujeito em relação ao desejo do Outro, uma mudança na relação do sujeito com o seu objeto, ou melhor dizendo, com a falta dele.

1.5. Sobre o ato analítico e o aconselhamento psicológico

Consideramos o ato analítico como sendo qualquer coisa que o analista faça ou fale e que vai produzir um efeito analítico depois. Miller, na Conferência "Introdução a um Discurso do Método Analítico" (1987), nos diz que aceitar ou recusar um paciente é um ato analítico. Diz ainda: "Na prática lacaniana, todo paciente, todo aquele que quer ser um paciente, é considerado como um candidato, e o analista tem de responder com um espírito de responsabilidade profunda, e é por isso que, a partir das boas-vindas, entra em jogo o ato analítico [...] se considera em jogo o ato analítico e a ética da psicanálise, no início mesmo da experiência analítica" (*Falo*, 1988, 2 p. 90).

Lacan introduz o conceito de *ato* também para mostrar que a entrada em análise depende fundamentalmente do analista, de sua escuta, de sua posição. É preciso apurar a demanda do "candidato", pois não basta que ele chegue sofrendo e diga que quer análise para que essa demanda possa ser avaliada. Por exemplo, na Conferência "Diagnóstico Psicanalítico e Localização Subjetiva" (1987), Miller conta o caso de um homem que o procura, não vem acompanhado de sua mulher, mas chega como "marido", apresenta-se como alguém que tem uma esposa que, depois de alguns meses de análise, para ele está irreconhecível. Ele sente que sua mulher se prepara para separar-se dele e o que ele pede de sua própria análise é "preparar-se para essa separação". Surge no relato que, durante anos, esse marido manteve essa mulher muito presa e se considerava como referência fixa dela. Parece, pelo que diz, que essa também era a posição do próprio pai em relação à mãe. Agora, por intermédio da análise, sua mulher se distancia da posição anterior e se queixa do marido dizendo que ele a faz sentir-se inferior diante dos outros. Ele diz que isso é verdade, pois ela não sabe o que fazer e precisa de alguém que a conduza. Miller prontamente percebe que a sua demanda de análise era no sentido de não mudar, que ele preferia aceitar perdê-la do que mudar qualquer coisa em si próprio, queria manter-se na mesma posição, talvez a mais confortável para ele, pois fora a posição paterna. Isso levou Miller a não aceitar, a não avalizar essa demanda de análise assim formulada. Aceitá-la desse modo impediria, desde o início, a localização subjetiva fundamental para que haja uma análise propriamente dita. Isso é um ato analítico e produz consequências na subjetividade desse homem. Miller não rejeita o sujeito, mas diz a ele que *ele não quer mudar* e que rejeita a formulação da sua demanda. O trabalho das entrevistas preliminares à entrada em análise consiste, agora, em como inverter essa demanda, como transformá-la em demanda de não mudar, aceitar perdê-la, em demanda de mudar de posição.

É nesse sentido que Soler (1991; p. 30) diz que "o ato analítico está em jogo a partir destas entrevistas [...] a adequada inserção do paciente na transferência não é a ordem da aptidão. Depende, por certo, da posição do sujeito em sua relação com o Outro; porém, não está menos determinada pela resposta do 'paternaire' analista".

Então, dar início a uma psicanálise, a partir da demanda de alguém, depende, portanto, do analista em seu ato de decisão. Isso nos remete a uma dedução importante: *haverá psicanálise se há um analista que faz ato*, a partir de uma demanda, evidentemente, demanda de análise que, necessariamente, só poderá ser formulada a partir do ato analítico de não socorrer o pedido de alívio. "É o analista com seu ato que dá existência ao inconsciente, promovendo a psicanálise no particular de cada caso. Autorizar o início de uma análise é um ato psicanalítico" (Quinet, 1991; p. 19).

Mas o ato analítico não é só isso. Ele é, junto com a interpretação, um outro manejo possível do analista para intervir, apontando para a falta fundamental, na direção da cura. Existem diferenças importantes entre interpretação e ato, mas não convém nos aprofundarmos nisso agora. O que cabe dizer aqui é que a interpretação se insere na fala do paciente, na associação livre, e tem a ver com o aforisma do Inconsciente estruturado como uma linguagem. O ato não tem esta mesma estrutura de linguagem, diz mais respeito ao fazer, à ação do analista, e pode, como veremos mais adiante, parecer bastante aberrante se se levar em conta o que dele se espera, seja do ponto de vista do senso comum, seja das regras analíticas instituídas.

O ato analítico é uma outra tentativa de atingir o que a interpretação não dá conta. Soler (1991; p. 70) diz que "o ato faz arranque para a palavra. Em outras palavras, ele permite que, aí onde havia o gozo do sintoma, e onde por pouco teria havido vazio, ele permite que venha o que vai produzir o trabalho da transferência, a saber, retalhos de saber inconsciente. Eis a entrada". E ela mesma continua: "Em todo caso, é bem porque a operação do Ato é o que deve desfazer o sintoma analítico que se pode dizer, como faz Lacan, que o ato não é verdadeiramente suposto senão ao final, mesmo se ele está ao alcance de cada entrada na psicanálise" (idem, p. 71).

Agora é chegada a hora de colocarmos aqui a questão que faz diferir uma intervenção analítica de qualquer outro tipo de intervenção, como, por exemplo, o que se conhece por aconselhamento psicológico. A diferença principal está, digamos assim, no fato de que a ação do analista nada tem a ver com o que Lacan chamou, no Seminário "A Ética da Psicanálise" (1959-60), de ordenação dos bens. Ele diz que o analista não sabe o que é bom para o outro, não tem o juízo da ação e, portanto, não tem como ordenar o bem para o outro. A Ética da Psicanálise não é a Ética do Bem. O psicanalista não se presta a transformar o seu trabalho num trabalho adaptativo, referenciado em padrões de patologia e normalidade que cada vez mais se distanciam da singularidade do desejo de cada um. Em Psicanálise existem normas, sem dúvida alguma, mas estas se limitam às normas do desejo de cada um. E se um analista tem de fazer um juízo, é um juízo sobre sua própria ação.

O que está dito em Freud é que não faz parte da ação do analista servir ao paciente como modelo ideal de identificação. A proposta de Freud para o final de análise não foi a identificação com o analista. Em "Esboço de Psicanálise" (1940) ele adverte contra o mau uso que pode fazer o analista do poder de influência que tem sobre o paciente pela transferência. Ele diz: "Por mais que o analista possa ficar tentando transformar-se num professor, modelo e ideal para outras pessoas, e criar homens à sua própria imagem, não deve esquecer que essa não é a sua tarefa no relacionamento analítico e que, na verdade, será desleal a essa tarefa permitir-se ser levado por suas inclinações (Freud, 1940; p. 202-3).

Se o ideal do analista for fazer com que o seu paciente chegue a um grau de fortalecimento do ego tal que ele possa ter liberdade de dominação de suas pulsões a ponto de ser considerado *normal*, se tal é o seu ideal, isto implica que o próprio analista tenha atingido esse ideal de perfeição e seja a encarnação desse modelo. Essa não é a proposta de Freud. Ainda que ele jamais tenha desistido da ideia de fortalecimento do ego através da suspensão de recalques ou da revelação do saber inconsciente, ele jamais propôs que isso se fizesse via identificação com o analista. Cottet (1989; p. 160) diz que "não se entende por que os analistas seriam o padrão, a não ser que estivessem eles próprios dispensados da análise pessoal, pois 'para assumir ser o padrão da verdade de todos e de cada um dos que se confiam à sua assistência, que deve então ser o eu do analista?'".

Se a estratégia do analista fosse essa de fazer uma aliança com a parte sadia do eu, seríamos conduzidos a um desvio da Psicanálise. Alcançar o ideal estaria próximo à ordenação dos bens, e a análise seria o meio através do qual o sujeito poderia suprir essa série de faltas da qual ele se queixa. Estaríamos conduzidos a praticar: a terapia do *genital love*, pois essa seria a forma normal e saudável que teria um sujeito de gozar em suas relações sexuais; a terapia da adaptação, pois seria preciso que um sujeito "aceitasse" desistir do seu desejo em prol de uma melhor convivência produtiva na sociedade; a terapia do amadurecimento, pois não deveria haver um disparate maior entre a cronologia de sua idade e o grau de recalque de suas pulsões. Enfim, seria necessário que deixássemos de lado a proposta freudiana para nos dedicarmos à aplicação de vários ideais daquilo que poderíamos chamar, por exemplo, de *american way of life*. Nesse tipo de intervenção, muitas vezes chamada de analítica, que pressupõe que o analista se tornou parâmetro de normalidade, é inútil perguntar o que quer o analista. Que pode ele querer senão formar sujeitos à sua imagem? Essa esperança foi desenganada por Freud em "Análise Terminável e Interminável" (1937), quando ele diz que geralmente o analista não atinge, em sua própria personalidade, o grau de normalidade que ele gostaria que seus pacientes obtivessem.

É nesse sentido que vale a pena questionarmos o recurso do aconselhamento psicológico, pois o próprio nome já indica a posição do terapeuta que o põe em prática: ele é aquele que sabe. Por supor que sabe o que é o melhor para o seu paciente, o aconselha. É aquele que, na tentativa de arrancar do queixante o mal-estar, se esforça por mostrar-lhe o caminho do bem, do bem-estar. Nada a questionar a respeito dessa intenção, nada contra a solidariedade humana. Mas é preciso questionar a validade dos recursos que utilizamos, principalmente quando nos dispomos a tratar do que nos é apresentado como sofrimento (des)humano. O que precisa ficar muito claro para aquele que se propõe a tratar é, precisamente, do que ele está tratando, a partir de que posição ele opera, e se o que faz a partir dessa posição opera mesmo.

De qualquer forma, como atuar é uma opção particular de cada um, se isso estiver bem fundamentado, terá sempre sua validade. Mas é preciso que atentemos para que a teoria sobre o fim e a finalidade da análise não fique totalmente submetida ao desejo do analista que a produz.

E para terminar citarei um exemplo de um ato analítico que por si só, sem a articulação com a cuidadosa análise do caso e sua singularidade, poderia ser tranquilamente considerado um ato irresponsável. Irresponsável no sentido de não se poder responder sobre ele, principalmente se questionado a partir da Ética do Bem e das regras do senso comum. Trata-se de uma intervenção feita por Betty Milan, em 1979, quando esta voltava da França para o Brasil. Ela interrompe a análise da senhorita L., que se dizia alcoólatra e saiu da última sessão levando uma garrafa de *Chateauneuf du Pape*, com a qual a analista a presenteou. Milan (1991; p. 240) nos diz, sobre o seu ato, numa tentativa de articular a intervenção com a estrutura do caso: "Nem a convicção de que eu devia ter dado o presente, nem o comentário do controlador, Jacques Lacan – 'Vous avez de la bouteille' – bastaram para que eu deixasse de pensar no ocorrido. Foi necessário reconsiderar os fatos para encontrar a razão do meu ato, concluir que era imaginária a aberração e que a regra da abstinência, como todas as outras, precisa ser analisada à luz de cada caso".

Tratava-se do caso de uma paciente que a procurara porque a analista anterior, que não a impedia de ir bêbada à sessão, um belo dia a pôs no olho da rua. Contou da sua dificuldade de falar e disse que por isso bebia ou tomava remédio. O que ela esperava era poder falar sem bebida ou medicação. Sua mãe era médica e só acreditava nos medicamentos. Do pai, ela conta que ele exigia dela sempre que se calasse, e, ao falar da analista anterior, L. temia uma expulsão, L. tinha a impressão de que o "cala-te" do pai iria se repetir ali mesmo. Ela achava, paradoxalmente, que poderia ser expulsa da análise caso dissesse ali o que de fato lhe importava.

Proibida da própria fala, é isso que se atualiza, de alguma forma, na relação com a nova analista, na medida em que pede que esta não responda a nenhum de seus pedidos, porque ela transformava qualquer recusa em resposta a uma demanda. Milan (1991; p. 241) relata: [...] o meu não satisfaria a demanda embora deixasse insatisfeito o desejo, o não equivalia a um sim, e o sim obviamente eu não podia dar – esta a lógica da situação em que eu estava implicada. Se ficar o bicho pega, se correr o bicho come. Impedida na verdade de falar".

L. faz uma relação entre a palavra proibida e a bebida que ela engole, relação que a leva para a análise e que sustenta o trabalho. A bebida lhe abre a possibilidade de falar e é, portanto, uma solução de compromisso a ser superada no próprio tratamento. Mas a intervenção analítica, interpretação ou ato, só pode o analista fazê-la levando em conta o lugar transferencial em que está colocado.

Informada de que na história dessa analisanda que bebia até o *degout*, até não poder mais, que em sua infância ingeria sem discriminação tudo o que encontrasse na geladeira, e informada de que na véspera do penúltimo encontro a paciente sonhou que a analista lhe dava uma garrafa de vinho para degustar, isso fez com que Milan cuidasse de valorizar a palavra *degustação*, que vem do latim *degustare* que, por sua vez, vem de *gustare*. Degustar é, pois, *gustare* precedido do prefixo *de*, que marca o afastamento, a privação de um estado. Ou seja, quem degusta se priva num certo sentido de comer ou beber.

Que a palavra degustar marcava o indício de uma mudança decisiva, isso era certo. A questão é que L. precisava ter-se escutado verdadeiramente. Milan poderia ter simplesmente pontuado o desejo de degustar, ou ela poderia ter cortado a sessão no ponto em que o desejo se explicitava. Mas a demanda explícita de L. era de que Milan não respondesse à sua demanda, e ela responde, num ato analítico, não atendendo à sua demanda explícita, e lhe presenteia com o *Chateauneuf*

O ato é o recurso que ela utilizou para fazer com que a paciente pudesse ter-se escutado verdadeiramente através de uma analista colocada transferencialmente na posição de impedida de falar. Isso é a lógica da análise. Do ponto de vista puramente médico ou se pensarmos no aconselhamento psicológico, um terapeuta dar a um paciente alcoólatra uma garrafa de vinho é algo, no mínimo, desaconselhável psicologicamente. Mas o fato é que, a partir desse ato, L. não mais bebeu "até não poder mais", conforme ela mesmo teve oportunidade de dizer posteriormente.

E Milan (1991; p. 244) justifica que sendo o ato "aberrante do ponto de vista do senso comum, só podia deixar perplexa a analisanda, que levaria o *Chateauneuf du Pape*, mas teria de se haver com o seu dito. L. recebeu um enigma para cuja decifração precisava se perpetuar no discurso analítico. O presente era necessário para dar à degustação sua devida importância e para que a analisanda se despedindo pudesse procurar outro analista. Não era pois o não agir, e sim o agir que a podia guiar em direção à realização da sua verdade, e o ato aberrante do ponto de vista da regra da abstinência não o era do ponto de vista da teoria analítica, que espera da clínica a sua renovação. Sem o ato aberrante não haveria progresso, o que não invalida as regras psicanalíticas; porém, obriga o clínico a com elas estabelecer uma relação dialética".

1.6. A questão do *setting* analítico

Se estamos questionando sobre o que se faz quando se faz Psicanálise é para abrirmos algum acesso em direção às possíveis respostas à questão que dá título a esse trabalho, a saber: "O que pode um analista no hospital?". Então é chegada a hora de nos posicionarmos com relação ao que se convencionou chamar de *setting* analítico, justamente por ser um dos argumentos que impossibilitaria a entrada do analista no hospital, o de que não se pode fazer Psicanálise fora do *setting* analítico.

O *setting* seria um conjunto de regras que permitiriam a intervenção analítica. De onde surgiram essas regras que dizem respeito a tempo, local, posturas e outras tantas regrinhas que garantiriam a boa intervenção? Se a psicanálise de Freud nasceu nos hospitais, enquanto ele se empenhava para entender os fenômenos histéricos, se Freud fazia suas intervenções analíticas andando a pé nos bosques de Viena, nos hotéis quando de suas viagens, se Lacan atendia nos corredores do hospital de Sainte-Anne, de onde surgiram essas regras que passaram a constituir o *setting* analítico?

Provavelmente surgiram das dificuldades encontradas pelos que vieram depois de Freud no que dizia respeito ao entendimento e/ou ao manejo dos fundamentos da experiência da prática analítica. O que Freud deixou dito é que o instrumento de trabalho do analista é a palavra inserida no contexto transferencial e que o analista tem uma posição a ser ocupada nessa relação a partir da qual ele vai poder intervir. Para tanto deixou muito claro que a única regra fundamental que impera para fazer valer o dispositivo analítico é a da *associação livre*.

Dizer que isso é fácil não é verdade, é de fato uma tarefa que de simples não tem quase nada (há até quem se refira à Psicanálise como sendo uma profissão impossível!). Freud não deixou um manual do "como-fazer" a boa Psicanálise. É bem provável que essas regrinhas inventadas (não por Freud) tenham começado a surgir a partir da falta desse manual freudiano. Diante dessa lacuna deixada por Freud do "como-fazer" a intervenção analítica, houve quem tentasse obturar esse *buraco* (que com certeza Freud não nos deixou de herança sem uma noção de que estava fazendo isso) com um conjunto de regras do mesmo "como-fazer", mas desta vez imposto ao paciente, e chamou-se isso de contrato.

O contrato, então, foi concebido muitas vezes como sendo aquilo que objetivava fixar o *setting* analítico determinando o tempo das sessões, sua frequência, a posição (real) onde o paciente tem de se colocar (deitado, no divã) etc. Supõe-se, a partir do contrato, que aí está a garantia da existência e do bom andamento de uma análise, e que qualquer pequena modificação neste registro é suposta, então, como ameaçadora à própria clínica psicanalítica.

Quer dizer, no lugar dessas dificuldades sobre o "como-fazer" Psicanálise, ao invés de surgirem questões, surgiram respostas, que seriam as próprias regras e que nem sempre se articulam com o que Freud propunha que fosse o tratamento analítico. Soler (1991; p. 23) diz que "[...] abandonada, mantida, promovida ou modificada, no ensino de Lacan, uma regra é julgada por seus fundamentos e em função das finalidades da experiência [...] os *standards* devem ser medidos em relação ao que a própria psicanálise estabelece". É assim que Lacan introduz o conceito de ato psicanalítico, exatamente para retirar a "psicanálise do âmbito das regras, para situá-la na esfera da ética [...]. O conceito de ato desvela que o dito 'contrato' do início da análise exime o analista da responsabilidade do seu ato – trata-se de um contra-ato" (Quinet, 1991; p. 10). O contrato remete ao "fazer--como", e o ato mantém a questão freudiana do "como-fazer", do como intervir no discurso, marcando um antes e um depois, produzindo um saber sobre o que se fala.

Então, a conclusão que tiramos disso tudo é que o *setting* analítico não é esse conjunto de regras instituídas, essas que nos artigos técnicos de Freud encontramos sob a designação de *condições*. Quanto às regras, a única que ele deixou foi a que chamou de regra de ouro, foi a regra da *associação livre*. O contrato psicanalítico se funda na regra fundamental, o resto é perfumaria, o resto é resto. O que se contrata em uma Psicanálise é o seguinte: o paciente associa livremente, e o analista presta atenção flutuante. Esse é o contrato, esse é o compromisso entre paciente e analista, porque é só nesse enquadre (*setting*) feito a partir desse contrato que podemos pensar na resistência, no estabelecimento da transferência e nas possibilidades de intervenção analítica. Não podemos estar tratando do *setting* como um espaço real porque ele é virtual, ele é psíquico, ele é, na verdade, um artifício, uma construção do psicanalista para que a análise se dê.

E é essa a questão que norteia esse trabalho: pensar quais são as condições de possibilidade da experiência analítica, o que é necessário para que se dê uma análise, para que se possa exercer a clínica psicanalítica, onde quer que ela esteja, no consultório ou no hospital, a partir da (re)leitura de Freud e do ensinamento de Jacques Lacan.

Capítulo 2

Psicanálise e Medicina[1]

2.1. O encontro sob o ângulo da antinomia radical

Poderíamos abordar a questão por vários ângulos, mas, para falar do encontro que se dá entre o representante da Psicanálise, o analista e o representante da Medicina, o médico, preferimos abordá-lo do ângulo da antinomia. Há uma antinomia radical entre Psicanálise e Medicina. Para usar uma metáfora matemática, são elas como suas assíntotas, duas linhas que caminham paralelas, que tendem para o infinito, mas que nunca se cruzam.

Se não há coincidência entre Psicanálise e Medicina, é preciso então que isso esteja claro, pois há, principalmente no hospital, o necessário encontro entre médicos e analistas. Mas de que antonimia estamos falando, se por tantas vezes médicos e analistas atendem ao mesmo paciente? Basicamente da posição que cada um ocupa para operar na sua clínica e do discurso que sustenta cada um dessas ordens.

Para começar, o psicanalista, em sua prática clínica, tem como referência fundamental o axioma freudiano do determinismo psíquico, ou seja, o que rege o funcionamento psíquico de alguém, seus atos e palavras, é o Inconsciente. Isso significa dizer que para a teoria psicanalítica nada é fortuito, nada acontece por acaso.

---

[1] As ideias que eu apresento e discuto ao longo de todo esse capítulo estão, a maioria delas, embasadas no pensamento de Jean Clavreul em seu livro *A Ordem Médica*, São Paulo, Brasiliense, 1983.

Aquilo que comumente conhecemos como "acaso" foi para Freud fonte de grandes descobertas. Ora, uma teoria que tenta demonstrar a tese do determinismo psíquico tem por objeto primeiro de sua investigação o Inconsciente, objeto que foi por Freud estudado a partir de suas mais óbvias manifestações, descritas sistematicamente nos textos "A Interpretação dos Sonhos" (1900), "A Psicopatologia da Vida Cotidiana" (1901) e "Os Chistes e sua Relação com o Inconsciente" (1905). Mas o fato de saber que há algo inconsciente que determina o sujeito humano não autoriza o psicanalista a ocupar a posição de quem sabe o que determina. Ele sabe que algo do Inconsciente opera, mas, a princípio, ele não sabe o quê. Isso vai depender, fundamentalmente, da fala do sujeito.

Que sentido faz para a Medicina o caso do "acaso"? Por que haveria um médico de levar em conta o mal-estar que não tem origem nos órgãos do doente, que não é legível no seu registro de saber e que, portanto, ele não conhece? Sim, a posição do médico diante do doente tem de ser a de quem possui um saber sobre o que lhe afeta e, portanto, impõe-se a necessidade de falar da Medicina como sendo um discurso, um discurso próximo ao discurso de um mestre.

2.2. Uma leitura psicanalítica do discurso médico

De acordo com Clavreul (1983), o discurso do médico é o representante do discurso da Ciência, discurso que prima por excluir a subjetividade tanto daquele que o enuncia quanto daquele que o escuta. Aí, a objetividade exigida do cientista está calcada na abolição de sua subjetividade.

O discurso médico, então, prossegue segundo suas próprias leis, que impõem sua coerção tanto ao médico quanto ao doente. A ordem médica não tem de ser defendida nem demonstrada; ela está aí para ser cumprida e executada pelos seus funcionários, os médicos. É uma ordem que se impõe por si mesma, e, em nome da vida, é preciso obedecê-la.

O fato de o discurso médico não se sustentar senão por sua objetividade e cientificidade, que é seu imperativo metodológico, nos interessa porque tem uma consequência na prática, na clínica médica, essa que às vezes participamos enquanto pacientes. Devemos obedecer ao médico porque ele sabe o que é melhor para nossas vidas. Essa consequência é que o discurso médico não só exclui a subjetividade do médico, que é chamado a calar os seus sentimentos, pois é isso que a ordem médica exige dele, mas também despossui o doente de sua doença, de seu sofrimento, de sua posição subjetiva. Ao mesmo tempo que o doente, como indivíduo, se apaga diante da doença, o médico enquanto pessoa também se apaga diante das exigências do seu saber. "Evidenciando que é a exclusão das posições subjetivas do médico e do doente o que funda a relação médico-doente, é que Lacan dirá que *não existe relação médico-doente*" (Clavreul, 1983; p. 11).

No entanto, isso não quer dizer que não existem relações entre o médico e o doente. O que ocorre é que esta mesma exclusão proposta pelo discurso médico como um imperativo para a execução da boa medicina não corresponde ao que se dá na clínica médica, no plano das relações concretas entre o médico e o doente, porque, na verdade, estas mesmas posições subjetivas que não são consideradas teoricamente e que são excluídas, aí elas retornam, exercem uma certa influência na própria relação, mas continuam não sendo consideradas (nem o que diz respeito ao médico, nem o que diz respeito ao doente), permanecendo, desta forma, carentes de tratamento.

Então, o que o discurso médico propõe é a destituição do sujeito médico de sua subjetividade, o que significa dizer que estamos diante de um discurso resistencial (carente de interpretação?) e que portanto fracassa na prática clínica, essa onde as respostas transferenciais e contratransferências correm soltas sem tratamento.

Por algum tempo assistimos a essa problemática achando que não cabia que desejássemos que eles abandonassem o seu discurso; pelo contrário, achávamos que nada mais teríamos a esperar deles senão que lhe fossem fiéis. Mas o fato é que quando o discurso médico opera no sentido de destituir também o paciente da sua subjetividade, o que constatamos é que isso gera consequências importantes em seu psiquismo. Na maioria das vezes, em busca de alívio e na luta pela vida, ao submeter-se ao discurso médico, ao ocupar a posição de objeto de investigação médica, o sujeito perde seu referencial próprio e identifica-se com a própria doença.

Se o que funda a relação médico-doente é a exclusão das posições subjetivas de um e de outro e se o que ordena essa relação é o distanciamento entre ambas as partes, é preciso que fique claro que o discurso médico fixa determinadas condições operativas, mas na prática não dá conta disso, posto que essa exclusão proposta é imaginária, já que o que ele nega na teoria retorna na prática. Ele é constitutivo das relações mas é cego, porque desconhece o que se dá na relação que ele constitui, porque mesmo que o que funde a relação médico-doente seja isso, a relação não é isso. É preciso se dizer que essa exclusão fracassa, porque ainda que o doente esteja submetido ao discurso médico, ainda que aprenda seu vocabulário e tente raciocinar sobre sua doença em termos médicos, "a adoção do discurso médico implica uma dessubjetivação que a posição do doente quase não permite. Quando um médico julga com lucidez seu próprio caso, é com razão que se vê aí uma proeza, proeza subjetiva e não técnica". (Clavreul, 1983; p. 211.)

Mas a consequência desta dessubjetivação nos interessa, na medida em que a Psicanálise se propõe a restituir ao sujeito o seu lugar, aquele que a Ciência escamoteia.

A premissa lacaniana de que *não existe relação médico-doente* é fundada na observação de que o médico tenta falar enquanto lugar-tenente da ordem que o assegura, da instituição médica, como um funcionário, se anulando enquanto sujeito e só se autorizando por ser ele próprio o menos possível. Supondo conseguir isso, ele não se refere ao doente enquanto tal, mas ao homem normal que ele era e que deverá voltar a ser, dado que o seu poder e sua mestria deverão ser afirmados exatamente diante desses casos, em que só pela Medicina se consegue a cura. Se o médico-cientista contempla o cadáver, símbolo de seu fracasso, é para tirar daí o saber que lhe transformará num vitorioso, para poder reinar como um mestre absoluto naquilo que constitui o seu domínio (Clavreul, 1983).

Sendo assim, no discurso médico não existiria também, a rigor, *relação médico-doença*, e sim *relação instituição médica-doença*, pois, destituídos médico e doente de sua subjetividade, prevaleceria a instituição médica, da qual o médico é um anônimo representante, e a doença, que é um objeto constituído e descrito pelo discurso médico, sendo o homem unicamente o anônimo terreno onde a doença se instala. Isto estaria, portanto, num plano de abstração elevado, que não corresponde (chegando até a encobrir) às relações concretas. Na prática o que se vê é a *relação instituição médica-doente*.

No entanto, podemos falar de *relação instituição médica-doente*, na medida em que se constata que, de acordo com o discurso médico, uma relação ideal entre médico e doente deveria comportar esse duplo anonimato, tanto de um quanto de outro, em que o médico pode se deixar substituir por outro que esteja tão autorizado quanto o primeiro para representar o discurso médico e fazer valer o mesmo saber. No hospital, isso fica muito evidenciado, principalmente quando o doente não escolhe o médico que o acompanhará, quando um médico sucede o outro em função dos horários e plantões de cada um. Se a sensibilidade do doente sofre com isso, é um outro assunto que não é do interesse da própria ordem médica, mas, sem dúvida, é preciso ficar alerta para isso. O médico, por sua vez, pode também ser atravessado por seus próprios sentimentos, mas isso não é algo que deve ser levado em conta pela ordem médica, já que, segundo Foucault (1978), a relação médico-doente é algo que não interessa à Medicina, uma vez que seu campo é nitidamente delimitado do ponto de vista metodológico.

O fato de não poder haver propriamente uma relação subjetiva médico-doente não nos impede de entender que o desejo do médico é definido pelo objeto da Medicina, a doença, pois é ela que o constitui como tal. Se o médico se interessa pelo corpo, não é senão porque ele é o lugar onde a doença se inscreve e, enquanto objeto do seu interesse, fica assegurado que o único discurso válido sobre a doença seria o discurso médico, pois o discurso do doente sobre sua doença fica desacreditado, já que poderia ser contaminado pela angústia e pelo sofrimento, que o impediriam de raciocinar corretamente.

Enfim, o discurso médico tem por vocação reduzir as desordens da subjetividade e finalmente integrá-las em sua ordem. Mas, como temos observado, isso fracassa, e é desse fracasso inevitável que se abre o espaço para a Psicanálise nas instituições de saúde ou nos hospitais.

2.3. Discurso médico X discurso psicanalítico

Retomando, a partir do exposto, a questão da antinomia entre Psicanálise e Medicina, é enquanto avesso da Medicina que a Psicanálise se constitui. O discurso psicanalítico é oponível ao discurso médico, no sentido em que Lacan (1969-70) fala do discurso do mestre como sendo a Psicanálise ao avesso.

O hospital é o lugar onde desde o começo se pretendeu que imperasse a ordem médica, e isso não poderia, sob hipótese alguma, ser diferente, pois o hospital é o lugar onde, ao transformar-se em templo moderno da Ciência, através das atividades básicas de assistência ao doente, ensino e pesquisa, se dão também os maiores avanços científicos concernentes à área médica.

Porém, o que temos percebido é que, ainda que a ordem médica prevaleça no hospital como fundamental para a existência dele, a presença marcante dela tem aberto espaço para outra ordem, na medida em que o discurso médico produz fenômenos que não consegue tratar. Se ela fracassa, ela não pode imperar sozinha, tem de se introduzir outra ordem, porque a constatação é que onde só impera a ordem médica o hospital é um caos humano.

Se o psicanalista encontra um lugar para se situar na "casa" do médico é porque, antes de mais nada, do ponto de vista do médico, há um lugar para a Psicanálise na Medicina, o que não necessariamente coincide com o lugar ocupado aí pelo psicanalista. Mas, para enfrentar essa espécie de *mal-entendido* entre o lugar que a Medicina destina à Psicanálise e o lugar que efetivamente o psicanalista ocupa, é fundamental que este último tenha podido fazer também uma leitura psicanalítica do discurso médico, porque isto permite extrair um certo número de fatos que permanecem na sombra quando o discurso médico constitui a única referência teórica reconhecida. Esta leitura não tem, em absoluto, o intuito de atingir o discurso médico ou deixar de propô-lo como modelo imperioso; esta leitura é algo que serve basicamente ao psicanalista, porque a Psicanálise não é uma especialidade da Medicina nem um ramo da Psicologia, embora tenha sofrido alguns desvios, e os principais deles promovidos pela interferência, em seu campo, do discurso médico e psicológico.

Para marcar de forma esclarecedora essa antinomia radical sustentada pelos diferentes discursos, entre a posição do médico e a do psicanalista, seria interessante que pudéssemos retomar a passagem sofrida de um jovem pesquisador médico, Sigmund Freud, ao lugar de psicanalista. Freud se interessou não pelas histéricas, a princípio, mas pela histeria. Mas logo percebeu que a histeria podia parecer com todas as doenças sem nunca ser uma delas, escapando, por essa via, ao saber já constituído, ao saber assegurado pela ordem médica.

Por onde quer que o discurso médico tenha se desenvolvido, a histeria não deixou de ser reconhecida pelo que ela representa em relação ao saber médico. Na medida em que seus sintomas, denominados no discurso médico como migratórios, são possíveis de regredirem subitamente sem qualquer intervenção médica ou, por outro lado, se mostram inalterados mesmo após terem sido esgotados todos os recursos mais modernos da Medicina, o que acontece é que a histérica ludibria o saber médico, colocando-o num impasse. E dele ela só ouvirá uma resposta: "Você não tem nada".

A histérica, então, coloca a cena médica em questão porque o papel de doente, este, ela não desempenha bem. Diante do ser doente, o objeto do interesse do médico é a própria doença, via pela qual ele se encontrará com o seu próprio discurso. Diante da histérica, então, cuja doença aparece e desaparece um função de "algo" que escapa a esse saber constituído, a única resposta que um médico tem a dar para ela é: "Você não tem nada". E a esta resposta deveria se acrescentar: "Nada que seja passível de se inscrever no discurso médico".

O médico, colocado pelo discurso histérico numa situação de impasse, sabe, no entanto, que a histérica tem alguma coisa. Ele diagnostica essa "coisa" como "piti", diagnóstico que tem como função desqualificar o sujeito tanto quanto ele se sente agredido, desqualificado e impotente diante de uma doente que pela própria doença tenta derrogar o seu saber de mestre.

É porque a histérica ameaça o médico em sua posição de sujeito que sabe e assegura o que é melhor para o doente, que ela é acusada de simular os sintomas, expressão que nos remete diretamente ao contexto da cena teatral. O fato é que, por não desempenhar bem o papel de doente, não é no contexto médico que o seu drama será ouvido, porque os sintomas histéricos não se remetem, de forma alguma, ao discurso médico, mas ele diz respeito ao próprio sujeito, ao que há de mais subjetivo, de mais particular em cada um.

E foi por isso que a palavra da histérica foi a primeira a ser ouvida pelo médico Freud, que, escutando-a, começou, até mesmo contra a sua vontade pessoal, temendo não mais ser reconhecido pela comunidade científica, a romper com essa mesma ordem. Se Freud tanto quis mostrar e demonstrar que continuava sendo médico, é porque ele sabia que rompia com essa posição ao dar ouvidos àquilo que o discurso médico prima por excluir, a subjetividade.

O que é fato fundamental é que é em função da prevalência do discurso médico e da enorme influência que ele exerce nos indivíduos – porque todo mundo sabe que existe o saber médico e que é sempre possível recorrer a ele quando se sofre de algum mal – que a histérica se apresenta enquanto "doente". Mas, quando eram os teólogos que mantinham o discurso do saber sobre o homem, elas desempenhavam, então, o papel das bruxas, feiticeiras, possuídas... Quando se deu essa passagem de suposição de saber da religião para a Ciência é que a histérica se deslocou da fogueira dos inquisidores para o consultório médico, e, no entanto, o seu drama continuou não sendo escutado porque tanto num quanto noutro o que se incinera e se esfumaça é o *desejo* do sujeito, aquilo que ele tem de mais particular (Clavreul, 1983).

O que há de singular e fundamental na histeria é que ela traz uma questão específica em relação ao saber ou, melhor dizendo, ao *não saber*. O que Freud descobre é que as histéricas sofrem daquilo que *não sabem* e que esse sofrimento é tão verdade quanto qualquer sofrimento decorrente de um corte no corpo feito sem anestesia, que essa "doença" quer dizer alguma coisa que não se sabe escutar. É assim que ele começa a vislumbrar a existência e a força determinante do Inconsciente e percebe que é preciso escutar o sujeito em sua fala para se ter acesso a esse *saber que não se sabe*.

Esse movimento freudiano de privilegiar o sujeito em suas particularidades é, em si, um movimento de ruptura com relação ao discurso médico, porque para poder realizar o ato médico (diagnóstico, terapêutica apropriada, prognóstico), o médico precisaria reduzir o sentido dos diferentes ditos do sujeito àquilo que é possível de ser inscrito no discurso médico. A pluralidade do sentido tem de ser abolida para dar lugar à sua univocidade. O médico precisa se apropriar do discurso do sujeito e transformar os significantes de sua fala em signos, em sinais médicos.

Quando o médico escuta o paciente dizer que tem um peso na cabeça, uma ardência na testa, sente a cabeça latejar sem parar e tem um pensamento que não para de martelar, se ele não traduz isso como sinais médicos de *cefaléia*, ele não tem como tratar aquilo de que o paciente se queixa em sua frente. Do mesmo modo, um abafamento no peito e falta de ar, isso não está inscrito no discurso médico senão pelo signo *dispnéia*. E assim por diante. O trabalho do médico consiste em descartar o que há de particular no discurso do sujeito para torná-lo legível. É preciso excluir a singularidade, as diferenças entre cada caso, única via pela qual a subjetividade poderia se manifestar, em nome de uma pretendida objetividade científica e terapêutica.

É aí que se impõe a diferenciação radical entre discurso médico e discurso psicanalítico. O discurso médico tem uma função silenciadora em que a fala do sujeito é ouvida para ser descartada. Os médicos prestam muito pouca atenção ao que dizem os pacientes a respeito dos seus sintomas, imaginando que não podem tirar nenhum proveito disso, nada valioso de suas comunicações, porque o discurso médico não teria como codificar o sofrimento subjetivo do sintoma, o lugar que o sintoma ocupa no psiquismo; não teria mais o que fazer senão agrupá-lo como sinais característicos de uma determinada síndrome. Já o psicanalista tem um posicionamento inverso. O seu discurso não tem uma função silenciadora, mas sim uma função silenciosa, que promove a proliferação da fala do sujeito, pois, tendo um outro referencial teórico, ele sabe que essa seria, talvez em lugar dos sintomas, uma via possível para a emergência do desejo. Isso não autoriza o analista a dar o tipo de opinião que o médico está autorizado quando não encontra sinais objetivos para o sofrimento do paciente: "Não há problemas com o senhor". A Medicina não pode levar em conta esse "mal-estar" subjetivo (pelo qual a Psicanálise tanto se interessou), porque sobre isso ela nada tem a dizer (Clavreul, 1983).

As formações do Inconsciente (ou seja, os sintomas, os sonhos, os chistes e os atos falhos), ao mesmo tempo que constituem o "lixo" da Ciência, aquilo que ela dejeta por não poder inscrever em seu discurso, são o objeto de atenção da Psicanálise, pois o que Freud nos deixou como lição fundamental é que essas formações do Inconsciente constituem a expressão da verdade do sujeito, do seu desejo. Enquanto ao médico a Ciência impõe a necessidade de proteger-se do erro, fazendo uma seleção daquilo que escuta, não retendo senão o que é utilizável para o diagnóstico e o tratamento, ao psicanalista Freud propôs que não fizesse uma seleção dos elementos do discurso, que se escutasse sob atenção flutuante – aquela que não valoriza *a priori* nenhum dos elementos do discurso do sujeito – não se utilizando de seus preconceitos para ouvir, pois aí pode emergir uma verdade. Então, na medida em que não visa evitar o erro e o engano, mas antes constituí-lo enquanto objeto, fio condutor, o discurso psicanalítico rompe com a Ciência e é o único capaz de se aproximar do que há de mais subjetivo, mais particular no homem, capaz de fornecer as articulações onde o desejo se inscreve, restituindo ao sujeito o lugar que a Ciência lhe destituiu.

2.4. O lugar da Psicanálise na Medicina

A partir disto, o que fica claro é que essas diferentes referências que sustentam cada um dos discursos, tanto médico quanto psicanalítico, resultam também em práticas clínicas necessariamente distintas. Isto é importante basicamente para o psicanalista, porque o que se vê é uma certa confusão de posicionamento quando ele se põe a trabalhar a serviço da ordem médica, num hospital. É como se para ser reconhecido precisasse sair do seu lugar.

Lacan, em sua conferência sobre "Psicanálise e Medicina" (1966), analisando o lugar da Psicanálise na Medicina do ponto de vista do médico, diz que a Medicina a coloca num lugar marginal, como uma espécie de ajuda externa, comparável à dos psicólogos e de outros assistentes terapêuticos. O que ele esclarece é que do ponto de vista do psicanalista este lugar é extraterritorial e que é preciso manter essa extraterritorialidade, porque não se trata da mesma coisa, ainda que médico e psicanalista estejam tratando do mesmo paciente.

É mantendo essa extraterritorialidade com relação ao médico que se consegue operar do lugar de analista, e é então, na maioria das vezes, que atravessado pelo desconforto causado pela exclusão da ordem médica, o analista se perde e, assim, perde o seu lugar.

O médico coloca o psicanalista numa posição subordinada porque o próprio encaminhamento ao psicanalista testemunha, de certa forma, a impotência do discurso médico. Se a Psicanálise é o "lixo" da Medicina, o consultório do psicanalista é o lugar para onde vão os seus fracassos. Não deixa de ser interessante escutar um médico dizer que não fez antes esse encaminhamento dando um tempo para preparar o paciente, preocupado em ofendê-lo ou com medo que ele ficasse chateado por sentir-se rejeitado. É verdade, existem demandas diante das quais a Medicina não tem outra opção senão rejeitá-las, por ser incapaz de respondê-las. No entanto, cabe questionar: quem se ofende com isso?

Mas o problema não é o médico colocar o psicanalista nessa posição marginal, subordinada; o problema é quando o próprio psicanalista, na falta de identificar a originalidade do seu próprio discurso e de sua clínica em relação à Medicina, se deixa confinar nessa alternativa. Essa posição subordinada, mesmo se não é considerada como menor, não pode ser aceita porque não põe em evidência o fato de que a Psicanálise instaura um outro discurso, portanto, uma outra clínica. Na cena médica, o psicanalista não pode ser um personagem incluído, porque a clínica psicanalítica se dá em "outra cena", para fazer referência ao termo que Freud usou para marcar a existência do

Inconsciente. Aqui estamos falando do psicanalista como um estrangeiro e estamos falando de uma estranheza que tem de ser mantida, porque o que ele vai tratar é do que é "estranho" mesmo.

Trata-se, então, de duas ordens absolutamente distintas, em que a possibilidade de compará-las para eleger a melhor ou a pior torna-se, desta forma, inviável. Se não se tem um ponto em comum, uma não pode ser melhor que a outra, porque a relação que as duas ordens guardam entre si é de antinomia. No entanto, apesar de as duas ordens guardarem entre si uma relação de antinomia, uma depende da outra, e se não fosse assim o problema não existiria. No momento em que o discurso médico exclui as posições subjetivas, ele abre espaço para o psicanalítico. A ordem médica constitui pelo negativo aquilo que a ordem psicanalítica vai tratar. Se a ordem médica detém o saber sobre a vida e a morte, o fato de excluir a subjetividade intensifica fenômenos subjetivos que a ela soam como estranhos, e dos quais ela não se propõe a tratar. Por parte do médico, ele não precisa estar atento para não perder o seu lugar, pois isso está assegurado pela própria ordem que o autoriza a falar em nome da Ciência, mas é preciso que os psicanalistas estejam atentos para isso, pois o seu lugar corre o risco de desaparecer de suas vistas quando ele, digamos, toma como critério de normalidade a adaptação à sociedade, ou a adaptação do paciente internado ao regime médico a que está submetido. Isso não deixa de ser um discreto retorno à ordem médica e universitária, um esquecimento da lição que Freud nos deixou, por exemplo, no seu texto "O Mal-Estar na Civilização" (1930).

E é por não estar muito clara essa antinomia de posições que muitas vezes se cria um campo competitivo, e até de acusações mútuas, entre médicos e psicanalistas, como se estivessem ambos disputando a mesma fatia de um bolo. Só que esse campo competitivo faz parte de um domínio imaginário. Essa disputa ocorre também na medida em que não se percebe que as duas ordens dependem uma da outra: a ordem psicanalítica depende da exclusão feita pela ordem médica, e esta depende da presença da outra para poder continuar excluindo.

De acordo com Clavreul (1983), para se tentar amenizar essa briga ingênua por territórios, passou-se a considerar que o que distinguiria a clínica médica da psicanalítica seria (em vez do discurso e do referencial teórico que sustenta cada uma) a categoria dos doentes. Seria impossível que as duas clínicas se dirigissem à mesma categoria de doentes. Portanto, as duas teriam de se confrontar para colocar critérios que definissem a discriminação entre as categorias adequadas a uma e a outra, para que se pudesse decidir uma orientação terapêutica.

O acordo seria mais ou menos o seguinte: ao médico devem se dirigir os pacientes orgânicos, cujos sintomas têm etiologia orgânica e seriam passíveis de ser diagnosticados e tratados pela ordem médica. Aos psicanalistas, aqueles cujos sintomas seriam determinados por causas psíquicas. A partir disso é comum se ouvir críticas dirigidas ao psicanalista que põe no divã um "paciente orgânico", e vice-versa, críticas feitas aos médicos por colocarem na mesa de cirurgia neuróticos, inapropriadamente.

A verdade é que essa troca de críticas, essa disputa por uma delimitação de campo torna-se rigorosamente sem sentido quando nos referenciamos nas bases do discurso que sustenta cada ordem, o que, exatamente pela antinomia que guardam entre si, permite o trabalho interdisciplinar, mas também dá margens para tantos mal-entendidos entre os próprios profissionais.

É claro que um psicanalista pode e deve atender um "paciente orgânico" desde que este último demande ser escutado, porque o paciente, por ter um corpo, não deixa de ter um psiquismo. É mais claro ainda que um neurótico seja operado por um médico, quando essa cirurgia tem uma indicação médica imperativa para que ele continue vivendo ou para que viva melhor.

2.5. Quando o psicanalista é solicitado?

Então, destinando ao psicanalista esse lugar de auxiliar do médico, a Medicina o solicita em algumas situações específicas, e todas as vezes essa solicitação traz em si o pedido de colocar em ordem e esclarecer o "fator psíquico", aquilo que para o médico existe e está causando um efeito que, pelas causas não serem tão claramente legíveis para ele, não pode ser tão prontamente eliminado.

Este convite para colocar sua técnica a serviço do projeto médico constitui, ou deveria constituir, problema para os psicanalistas que o aceitam. Pois, colocar alguns fragmentos do saber psicanalítico a serviço da ordem médica é, em última análise, uma opção política. Porque a Psicanálise não está aí para preencher com seu saber as ignorâncias da Medicina, mesmo porque não são ignorância, e sim resistências constitutivas da posição do médico, obstáculos epistemológicos que marcam o limite do saber e do poder médico. (É o recalque que propicia a fundação de uma ordem. Onde tem ordem, qualquer que seja ela, tem recalque. A ordem médica se funda no recalque da subjetividade, então aqui não estamos falando de um desconhecimento de quem não sabe, mas trata-se de um desconhecimento de quem não pode, não quer saber.)

Não é para aumentar esse limite que a Psicanálise entra em cena, pois, se assim o fosse, a Medicina seria o seu alvo, e a Psicanálise estaria referenciada no discurso médico, ainda que fosse para dobrá-lo ou subvertê-lo. Isso seria a própria distorção do discurso psicanalítico e a denegação da proposta freudiana. Mas o fato é que, em nome, muitas vezes, da aceitação e do reconhecimento, preocupados com a eficácia imediata e não com o rigor, alguns psicanalistas se deixam corromper pelas solicitações dos médicos e, sob o pretexto de fazerem juntos a Medicina do Homem Total, cedem a essa ordem dominante, afirmando que é impossível fazer Psicanálise no hospital.

Então estamos diante de um problema difícil. Como não responder a essas solicitações de se pôr a serviço da ordem médica, se é exatamente por isso que os médicos "permitiram" a entrada desses "profissionais da mente" em sua "casa"? No entanto, "o ceticismo do corpo médico em relação à psicanálise cede cada vez mais, desde que se observa que a prática das curas analíticas tem efeitos incontestáveis e apreciáveis em termos médicos" (Clavreul, 1983; p. 33). É claro que a colocação de analistas em serviços hospitalares se seguiu a esta constatação, e não se duvida que eles colocarão seu saber à disposição do corpo médico.

Se o lugar do psicanalista não é o de ajudante a serviço da ordem médica é porque suas referências são outras, é porque ele não trata do homem, e sim do sujeito do Inconsciente. É interessante notarmos que na maioria das vezes o psicanalista é solicitado pelo médico quando este percebe algo estranho na fala ou no comportamento do doente, algo que dá sinais de que ele não quer a cura proposta pela Medicina, embora tenha sido isso que ele foi pedir quando resolveu procurar o médico ou a instituição. É quando percebe essa contradição lógica, essa desobediência do doente (que ameaça os efeitos do discurso médico), que o médico solicita o psicanalista, para que ele ponha ordem ou faça desaparecer esse fator estranho que atrapalha o sucesso do seu ato.

É então aí que o psicanalista é chamado. Quando o médico percebe que há uma distância razoável entre aquilo que o paciente pede, a cura, a saúde, e o que o paciente deseja. E não precisa ser médico ou psicanalista para saber que muitas vezes, quando alguém pede algo, isso não é igual – às vezes é diametralmente oposto – àquilo que se deseja. Há uma diferença entre aquilo que se demanda e aquilo que se deseja.

Todo médico sabe que é na resposta a essa demanda de cura do doente, com todos os recursos que estão ao alcance de suas mãos, que está a possibilidade de sobrevivência da posição propriamente médica. O que se configura como problema para ele – problema que muitas vezes é descartado como sem importância – é que, colocado diante da prova de tirá-lo da condição de doente, se depara com alguém que, misteriosamente, está totalmente atado à ideia de conservar-se assim, que vem ao médico para demandá-lo que o autentique como enfermo e, em alguns casos vem, de maneira explícita, demandar-lhe que o preserve na sua enfermidade, que permita que ele siga sendo um doente bem instalado em sua doença (Lacan, 1966).

Impressionado com essa disparidade entre o que se demanda e o que se deseja, depois de tantas tentativas terapêuticas fracassadas, Freud se viu obrigado a não contar mais, como fator fundamental para o tratamento, com o desejo de recuperação enunciado pelos pacientes que lhe procuravam, e constatou que por alguma razão o paciente ama o seu sintoma e parece não querer livrar-se dele. Se há um gozo no sintoma, um ganho secundário além do sofrimento, ele confirma que para reger o funcionamento psíquico deveria existir algo mais "além do princípio do prazer".

E foi por verificar que o sujeito humano é dividido, que ele trabalha contra si próprio e que ele não é uma entidade homogênea (a autopunição é um exemplo elementar para mostrar isso), que Freud nos demonstrou e de certa forma nos alertou para o fato de que não há nenhuma razão para que o sujeito queira o seu próprio bem. Acreditar que o sujeito humano queira o seu próprio bem é, antes, um *preconceito* filosófico e médico que, muitas vezes, leva os profissionais da saúde a quererem o bem do doente em seu lugar, por ele. E, se é assim, por que não questionarmos o que nos faz querermos "terapeutizar" as pessoas que não pediram isso por iniciativa própria e se com isso não estamos querendo impor-lhes o nosso próprio desejo?

É também a partir desta constatação que se pode imaginar que Freud tenta a passagem de uma posição médica para uma posição psicanalítica; é porque existe a pulsão de morte no Inconsciente do sujeito que o psicanalista não está autorizado a ordenar o que é melhor para o doente, a partir da posição do *sujeito que sabe*. É essa ordem superegoica perante a qual o doente tem de se curvar, ordem que está na base da sugestão hipnótica e da posição de *sujeito que sabe* assumida pelo médico, que a Psicanálise põe como questão para ela mesma.

Foi deixando para trás a posição de *sujeito que sabe e*, portanto, sugere, compreende, que Freud tentou a passagem da posição médica para a posição psicanalítica (do saber ao suposto saber, da compreensão à interpretação). Foi aí que, em vez de sugerir, ele passou a escutar o sujeito em sua livre associação, pois acredita que, enquanto dividido, o sujeito não sabe ao certo o que diz. A experiência da Psicanálise, que é uma experiência do discurso, vem revelar com maior evidência que se diz mais do que se sabe, que é num segundo tempo que se descobre o que se sabe e que, portanto, o sujeito sofre daquilo que não sabe, mas que não escapa ao seu dizer. O saber que está contido no *enunciado* de um discurso está sem que necessariamente o *enunciador* o saiba. A questão do saber de que um discurso é portador não é, para a Psicanálise, redutível ao saber daquele que o *enuncia*. Assim, o sonho traz em si um saber que o sonhador não sabe, ou ainda não sabe; o lapso atravessa o discurso coerente de quem discursa trazendo em si um saber que, enquanto desconhecido, é capaz de enrubrescer aquele que fala.

Enfim, o homem não sabe todo o alcance do que *enuncia*, o que significa dizer que há um sujeito contido no próprio discurso, que é desconhecido do sujeito *enunciador* e que por isso muitas vezes encontramos uma resposta para uma questão que não havíamos, necessariamente, nos colocado.

Evidentemente não é, e nem poderia ser, questão para a Medicina considerar o sujeito como dividido, desejante, pois é a ordem do desejo que se opõe a ordem médica. Como a ordem do desejo é diferente da ordem médica e muitas vezes vem contradizê-la, por mais que se trate de um doente para fazê-lo curado do mal que o aflige, curiosamente percebe-se, às vezes, que a cura não lhe convém, o desejo se opõe à ordem médica e vice-versa. É por isso que a Medicina, diante do desejo, precisa se fazer moralizadora. E por serem os sinais de uma vida desregrada do doente muito mal recebidos pelo médico é que ele precisa aconselhar que se leve uma vida exemplar. Já o psicanalista, situado numa posição absolutamente antinômica e referenciado na Ética do desejo, não se atreve a aconselhar o que é melhor para o doente, pois sabe que toda palavra sua poderá ser interpretada como uma negação do seu sofrimento, como um descrédito, podendo ocasionar um mal-entendido que, não levando a lugar nenhum, faz com que o sujeito permaneça na mesma posição.

Enfim, não deixa de ser para ajudar a pôr ordem nesse psíquico que atrapalha o sucesso do ato médico e a boa recuperação do doente, que o psicanalista é solicitado. É preciso que ele tenha muito claro para ele mesmo que não é a assistência social o que a Psicanálise tem a oferecer à Medicina. É preciso que saiba muito bem em que situação se deve dar apoio a alguém porque, por exemplo, quando se mete a ajudar uma histérica, é aí que ela se afunda, ficando sem chance alguma de se safar.

2.6. A resposta do analista ao pedido médico

Pois bem, a situação com a qual nos deparamos é a de um corpo médico que, ao desconfiar que a palavra final de cada caso não é ele quem possui com seu saber médico, mas o próprio doente, a partir de sua história pessoal, sua neurose – e que essa descoberta o coloca num lugar onde geralmente não se pode fazer nada – então deposita um saber no psicanalista, abre-lhe espaço para atuar no hospital, certo de que este último usará seu arsenal teórico e técnico a serviço da ordem médica. É preciso que analisemos então o que, de fato, impede o psicanalista de responder a esse pedido que é, em última análise, o de fazer corresponder a demanda ao desejo, porque é esse distanciamento que introduz na cena médica a questão do gozo e, portanto, do sofrimento. E como o médico não tem recursos para lidar com esse tipo de sofrimento humano, isso constitui um problema sem solução para a Medicina. Se o psicanalista sabe que isso faz parte da constituição do sujeito humano, que é essa barreira que o estrutura enquanto tal e que, portanto, o pedido do médico é impossível de ser atendido tal como é formulado, o que então é possível ser feito? A questão central é mesmo: "O que pode o analista no hospital?"

Esse pedido do médico é formulado de diversas maneiras, e uma solicitação bastante frequente é que o psicanalista atenda o paciente a fim de descobrir as "causas psíquicas" que estão determinando um sintoma, cuja etiologia foi impossível de ser detectada pelos modernos recursos médicos, e que por isso foi denominada de inexistente no registro do corpo. A ideia que fundamenta esse pedido é a de que se a causa não está no corpo, então está na mente do sujeito.

Poderíamos pensar que foi essa mesma ideia que fez com que a Medicina, deparando-se com sintomas sem causa localizável em seu discurso, para dar conta desse não saber, inventasse a Medicina Psicossomática. Pois não haveria os grandes médicos de negligenciarem publicamente a força e a influência que teria a mente no corpo humano!

Acreditar nessa divisão entre psique e soma proposta pela Medicina é desacreditar da lição de Freud sobre um dos conceitos básicos e fundamentais, o da pulsão. Ele a define enquanto excitação que tem origem no corpo e que é o fator propulsor do funcionamento do aparelho psíquico. Como representante psíquico de uma excitação somática, a pulsão seria um conceito-limite entre o psique e o soma. Isso significa dizer que os fenômenos do corpo não estão livres de uma representação psíquica, ainda que o sujeito não saiba que representação é essa. A consequência desse conceito na prática psicanalítica é, entre outras, que o psicanalista deve considerar o corpo enquanto algo não separado do psíquico.

É por isso, também, que não convém ao psicanalista alegar para os médicos as "causas psíquicas" para os sintomas de um doente, porque ir em busca das causas psíquicas seria, em primeiro lugar, cair nesta divisão psique-soma utilizada pela Medicina e, em segundo, e principalmente, seria estabelecer uma relação de contiguidade entre Medicina e Psicanálise, do tipo o que a primeira já não dá conta, a última viria para tentar dar. É nessa cilada que, às vezes, o psicanalista cai, e com essa queda ele corre o risco de assumir mesmo uma posição médica, enquanto o diagnóstico propriamente médico não foi feito. Ao mesmo tempo, respondendo assim a esse pedido, ele coloca, em relação à Medicina, a Psicanálise enquanto complemento auxiliar do corpo médico, da mesma forma que funcionam outros serviços de apoio médico num complexo hospitalar. Segundo Clavreul (1983), é preciso estar atento para o fato de que um encaminhamento médico desse tipo não é feito com a mesma convicção que faria, por exemplo, com que um clínico geral encaminhasse para um neurologista um paciente com tremores cuja etiologia não está esclarecida. O encaminhamento médico para o psicanalista em busca de "causas psíquicas" é, antes, a busca de uma confirmação de que os seus recursos não falharam, o que significa, de alguma forma, que a posição do psicanalista no discurso médico poderia, perfeitamente, ser ocupada por um padre ou um curandeiro, ou qualquer um que provasse a ele e ao doente que as causas para os males do corpo não estão nele.

O diagnóstico psicanalítico jamais pode ser feito a partir da eliminação das possibilidades do diagnóstico médico, mas sim dentro dos próprios fundamentos teóricos da Psicanálise. Se é indispensável colocar o diagnóstico analítico a partir das indicações que repousam sobre o que a teoria psicanalítica nos permite conhecer das estruturas psicopatológicas, cada uma com sua lógica própria, é inadmissível que um psicanalista possa aceitar o diagnóstico de neurose ou de doença mental a partir do discurso médico. Freud, desde o início, preocupou-se menos com a descrição dos sintomas e mais com os mecanismos mentais subjacentes que o determinavam, apontando, assim, para a possibilidade da existência do mesmo sintoma em pessoas com estruturas psicopatológicas distintas.

Se sabemos que o estabelecimento do diagnóstico psicanalítico está vinculado à relação transferencial (e são exatamente essas manifestações transferenciais que a Medicina não privilegia), o psicanalista, ao tentar fazer um diagnóstico, precisa estar apto para ocupar o lugar que lhe é destinado nessa "outra cena", para diferenciá-la da cena médica.

2.7. A transferência na cena médica e na "outra cena"

Vale a pena lembrar que a consulta médica se desenrola tendo como pano de fundo uma relação do tipo transferencial, como fala a Psicanálise. É movido por uma suposição de saber que o doente se dirige ao consultório médico. É enquanto *sujeito suposto saber* que o doente visualiza o médico a quem procura, e o desejo dirigido à sua pessoa muitas vezes é o que expressa o desejo que o doente tem de se apropriar do seu saber, ou dos benefícios do seu saber.

Não sei se poderíamos dizer que o médico reconhece a transferência enquanto tal, mas com certeza ele a pressente, porém supõe que ela não é essencial à sua prática, pois a execução dos atos médicos não dependeria exatamente dos sentimentos conscientes ou inconscientes que o doente tenha pelo médico, muito menos dos sentimentos despertados, "inadvertidamente", no médico pelo paciente; isso é algo que a ordem médica exclui do seu discurso, porque aí não há espaço para a subjetividade nem do médico nem do doente. Se o médico tivesse grau de elaboração para reconhecer e manejar a transferência, ele teria a mais um poderoso recurso para medicar. Não se pode negar que os efeitos placebos passam pela relação transferencial com o médico.

Enquanto a transferência do paciente com seu médico se manifesta como confiança e obediência às ordens que lhe são dadas, ela não constitui problema para o médico. Mas quando, poderíamos dizer assim, essa transferência fica exacerbada, ou melhor, quando fica evidente que o paciente está deslocando para a cena médica outros problemas e solicitando do médico muito mais que o seu saber e suas prescrições, ou quando o seu mal-estar vai para além daquele mal que o médico, enquanto tal, pode dar conta, é aí que se instala um mal-entendido de ambas as partes. E é, muitas vezes, de novo, para pôr ordem nesse mal-entendido que o psicanalista é solicitado. Geralmente o que lhe é dito é que o paciente, além de estar sendo inadequado, não está colaborando com o tratamento e que, portanto, isso constitui perigo para ele (e, evidentemente, para o sucesso do ato médico também!).

Muito bem, é certo que o que determina a entrada do psicanalista nessas situações é a constatação de uma determinada dose de subjetividade que, enquanto não for eliminada, funciona como obstáculo à execução dos atos médicos. É enquanto desobediente e "surdo" às ordens médicas que o paciente é tido como inadequado e não colaborativo.

O que na maioria das vezes se pensa é que esse mal-entendido tem origem no psiquismo do paciente. É como se ele não entendesse muito bem que o médico está ali para cuidar exclusivamente de sua doença, que esse é o seu objeto de interesse (que, como havíamos dito, é a doença que o constitui enquanto tal), e não o doente propriamente dito, com suas fantasias e seus aspectos subjetivos. No entanto, o sujeito médico, ao se colocar perante o doente enquanto mestre de um saber absoluto, cujas palavras são capazes de modificar o curso de sua doença, mesmo sem a administração de medicamentos – porque modificam a relação do doente com sua doença –, ele facilita o aparecimento da fantasia de que ele é alguém que poderia, se assim o quisesse, dar respostas para todas as questões que atormentam esse doente e que só não lhe respondeu ainda porque elas não foram formuladas.

O discurso médico, enquanto discurso de mestre, é capaz de provocar no doente essa suposição de saber absoluto. É preciso, então, atentarmos para o fato de que aí as fantasias de onipotência do sujeito médico também contribuem para que haja essa suposição, fazendo com que o discurso que ele sustenta não seja impoluto.

De acordo com Clavreul (1983; p. 97), ao fazer o diagnóstico, o médico nomeia a doença: "Você foi atingido por uma doença. Seu corpo está habitado por uma doença na qual você não está engajado pessoalmente. O doente é convidado, assim, a se desprender de qualquer interpretação subjetiva sobre o que lhe ocorre", pois esta não teria qualquer utilidade prática para que se executassem as intervenções médicas necessárias. O doente está "convidado a se olhar como um outro, a desconfiar do que sente, pois tudo o que sente deve ser interpretado em função desta doença que não pode conhecer e que só o discurso médico pode interpretar. O doente se acha definido como: homem + doença". É quando da nomeação da doença (estabelecimento do diagnóstico) que o médico mostra que aquilo de que o doente sofre tem *nome*, ainda que tenha lugar somente no sistema dos significantes que constitui o discurso médico. "Tudo o que ele sentia e que não podia ser relacionado com o que poderia ser interpretado a partir do seu saber sobre ele próprio, toda essa onda de sensações subjetivas penosas, dolorosas, angustiantes, frequentemente culpabilizantes, é retomada no discurso médico que afirma que um sentido pode ser encontrado para o que era anteriormente puro não-senso."

O que é angústia, se não aquilo que não tem nomeação, aquilo que é a pura expressão do Real por ter escapado à simbolização? É assim que, enquanto nomeia a doença, o ato do diagnóstico contribui para diminuir a angústia, mesmo que o doente não saiba exatamente de que mal ele está sofrendo, mas ele se angustia menos porque sabe que *isso* tem nome e pode ser reconhecido em algum lugar. É nesse ato inicial, o de diagnosticar, que o médico começa a afirmar a sua mestria, o seu poder e o seu domínio. Mestria pelo menos verbal, mesmo se ele não pode reduzir a doença. E é muitas vezes transformando alguns estados mal definidos em afirmações tão peremptórias quanto duvidosas do tipo: "Você está deprimido e a depressão é uma doença"; "Você é alérgico e a alergia é uma doença"; "Você é alcoólatra e o alcoolismo é uma doença", que um médico pode estar excluindo ou dificultando a possibilidade que um sujeito tem de se curar, de se livrar do seu sintoma, na medida em que faz a exclusão da doença do sistema subjetivo do doente, que o considera como um hospedeiro da doença e que começa a tratá-la, muitas vezes, como algo estranho a ele. Quer dizer, o que pode dificultar não é só o fato de o sintoma passar a ser um estranho ao doente, mas é o fato de ele ser muito familiar ao médico. É como se ao nomear o estranho ele dissesse ao paciente: "O seu sintoma é meu!"

Ainda de acordo com Clavreul (1983), se no ato do diagnóstico, ao nomear a doença e dar a prescrição, a palavra do médico é a pura expressão de um saber fascinante, capaz de eliminar angústias e criar novas esperanças, é no estabelecimento do prognóstico que o discurso do médico se assemelha ao discurso profético. Isto porque ao anunciar o futuro, pelo fato mesmo de constituí-lo, contribui para criá-lo. Se para o doente o futuro está inscrito nas palavras que o seu médico pronuncia, se é nisso que ele acredita e se é a partir disso que vai organizar a sua vida, é porque existe, garantindo essa relação, a transferência de saber.

É quando essa transferência se estende para outros aspectos de sua vida que o médico é capturado como objeto de desejo do doente, que, na falta de poder tomar o saber do médico para si próprio, o toma diluído nas medicações que ele prescreveu. E é, então, na cena médica, até porque se encontra numa posição menos privilegiada que lhe permitiria agir "sem raciocínio", que o doente encontra a possibilidade de expressar e atuar o drama de sua existência, *transferindo* para a cena médica aquilo que ali não pode ser escutado senão como *stress* e nervoso, nada mais que uma medicação tranquilizante não pudesse fazer calar. É quando isso não cala que o psicanalista é solicitado, para fazer calá-lo, ainda que seja escutando o drama do doente para si próprio, porque é exatamente aí, nas manifestações transferenciais, onde a clínica médica se detém, que começa a clínica psicanalítica. Ou seja, a cena médica constitui *propiciando e excluindo* o fenômeno psicanalítico e solicitando a escuta analítica.

Enfim, o que se constata é que esse mal-entendido também pode se dar por necessidade subjetiva do paciente de buscar um saber de que não sabe, a partir do reconhecimento na posição de doente. Se o desejo de reconhecimento é, antes, o desejo de existência, e, para existir no discurso médico, portanto, junto ao médico, é preciso estar doente, então é para buscar esse saber absoluto, capaz de livrá-lo da angústia e apaziguar o seu mal-estar, que ele, ao pedir cura, pede também que o mantenham doente, que o tratem como um doente que sofre.

Todo mundo já deve ter tido a oportunidade de conhecer aquelas pessoas eternamente sofredoras, cheias de sintomas e dores que percorrem todo o corpo sem nunca terem estado nele e que é só como doentes graves que essas pessoas conseguem estabelecer uma relação social. Existem outros casos em que é evidente que uma doença "acidental" mais ou menos grave, sobrevinda abruptamente na vida de uma pessoa, transforma suas relações com o mundo de forma bastante favorável para ela mesma, chegando a fazer com que desapareçam, pelo menos temporariamente, graves manifestações neuróticas ou psicóticas, funcionando muitas vezes como "solução" medíocre, talvez, mas tranquilizadora para conflitos psíquicos insuperáveis. A doença constitui, para muitos pacientes, um verdadeiro estatuto social e familiar que confere ao sujeito uma existência que não teria sem ela.

Concluímos daí que é sempre numa situação onde a subjetividade invade a cena médica de forma abrupta e como um obstáculo, que o psicanalista é solicitado, muito mais para salvaguardá-la – fazendo calar ali o paciente (mas abrindo um outro canal e cenário) – do que para tratar do sujeito em questão. O que é curioso é que, nesses casos, ainda que não vá ao encontro do paciente para fazê-lo calar – pelo contrário, o psicanalista vai lá para fazê-lo falar – de alguma forma ele responde ao pedido de "ajuda" do médico porque a partir do momento que se oferece para o paciente enquanto lugar de escuta, o efeito disso é que a transferência de saber que estava localizada no médico desloca-se, então, para a figura do analista, lugar onde desta vez o seu drama poderá ser escutado, porque ainda que não queira se analisar, o que ele precisa, para aliviar sua angústia, é supor que alguém tem o saber sobre o seu sofrimento, saber que em algum momento ele perdeu. A consequência disto é que, digamos assim, por poder falar de si num lugar onde é escutado, ele passa a ser, de alguma forma, mais coerente e adequado ao desempenhar o papel que lhe cabe na cena médica da qual participa.

Quer dizer que a entrada do psicanalista na cena médica e a instalação de um outro discurso eliminariam a transferência do doente com o médico, na medida em que ele dirige um saber para o analista? Não, não é isso exatamente o que se dá, porque o doente continua sob tratamento médico. O que ocorre é que ele deixa de dirigir ao médico questões referentes ao seu ser, ao ser doente, convencido pela própria experiência de que o saber médico também tem limitações.

2.8. Sobre a demanda e o sintoma: as diferenças nas abordagens médica e psicanalítica

Existem ainda dois pontos que precisariam ser abordados para que, a partir da antinomia entre as posições médica e psicanalítica, e do encontro entre os dois profissionais, pudéssemos pensar "o que pode um analista no hospital?": as noções de demanda e de sintoma, para ambas as ordens.

A *Demanda*

Havíamos falado da demanda como algo que, aos ouvidos do psicanalista, guarda uma certa distância do desejo, distância esta que penetra na clínica médica como um obstáculo ao tratamento proposto e é sentida como uma incoerência. Mas a demanda está diretamente ligada ao sintoma, o que quer dizer que um sujeito pode demandar a cura do seu sintoma mesmo que o seu desejo seja permanecer com ele. A demanda pode ser dirigida tanto para o médico quanto para o psicanalista, e em ambos os casos ela faz uma referência direta ao sintoma. Neste sentido, poderíamos dizer que o sintoma é o cartão de visita com o qual o sujeito apresenta formulada a sua demanda.

O que difere, muitas vezes, não é a demanda com a qual se confrontam médicos e psicanalistas, mas, basicamente, a forma pela qual ela é recebida e respondida por um e por outro.

A demanda do paciente constitui uma introdução, o momento inicial de apresentação entre os personagens que farão parte do cenário médico. Aí ela é escutada para imediatamente após ser colocada em segundo plano, pois de forma alguma constitui um fator necessário, jamais decisivo para a continuação do tratamento médico. Em alguns casos, quando fica muito evidente a disparidade entre o que o paciente demandou no início e o que está fazendo depois, como está se comportando com relação à sua doença durante o tratamento, é que o médico se lembra e traz à lembrança do paciente a demanda que havia feito, contando então com a possibilidade de o paciente recobrar a lucidez, manter a coerência entre o que falou e o que se propôs a fazer.

É importante marcarmos esse simples fato porque é de maneira completamente contrária à relação do médico com a demanda do paciente que o psicanalista a recebe e, mais ainda, que ela toma um lugar preponderante e absolutamente fundamental no tratamento analítico.

A clínica psicanalítica, pelo fato de estar centrada em torno da possibilidade de dirigir um tratamento, coloca em questão a demanda com a qual o paciente se apresenta, pois é dela, ou da sua sustentação, que vai depender a todo momento o prosseguimento da cura. Porque, se como nos mostra Freud, a neurose é a solução mais "econômica" para os conflitos, se a neurose tem uma função importante que não é só a de provocar incômodos, é preciso que se averigue melhor qual é o desejo que está por trás da demanda formulada pelo paciente quando ele se apresenta.

Se o psicanalista aceita a demanda sem submetê-la à apuração, ele corre o risco de estar avalizando uma demanda que não é de análise, que pode ser a demanda que frequentemente se vê dirigida aos médicos, a de se manter no mesmo lugar, de forma pública e reconhecidamente autenticada, e nesse caso autenticada até pelo analista.

Cabe ao analista esperar, ainda quando ele avaliza uma demanda para caminhar em direção à cura, que a neurose se defenda, que o paciente resista à análise, já que esta coloca em causa uma organização neurótica que só comporta, pelo menos conscientemente, aspectos negativos e penosos. Isso tudo é para falar que não se pode supor que a cura psicanalítica possa se desenvolver sem dificuldades. Não se pode fazer psicanálise sem levar em conta essas resistências.

É a demanda do paciente que sustenta, não só no decorrer das entrevistas preliminares, mas também durante a cura, a pesquisa do material recalcado, isto é, não somente dos eventos que ocorreram na vida e particularmente na infância do paciente, mas sobretudo a evidenciação de sua organização fantasmática, num tratamento que reata sua história e sua vida atual.

Então, já que a apuração e a sustentação da demanda é fundamental para que se autorize e se prossiga um processo de análise, é pelo fato de ela se manter sem resposta que uma análise pode continuar. Em Psicanálise, aceitar uma demanda não significa respondê-la. Já a ordem médica visa responder a esta demanda a fim de suprimi-la (embora em alguns casos não consiga porque o que se demandava não foi o que se respondeu), pois ela não é o que condiciona o prosseguimento ou a interrupção da intervenção médica, e sim a lógica que decorre do que a Medicina sabe sobre a doença.

Por que razão alguém vai procurar um analista? Ainda que coloque o analista numa posição de médico, é muito provável que alguém busque um tratamento analítico (e não médico) como uma última alternativa, nos casos onde, apesar da resposta interessada do discurso médico, este manteve sem resposta a questão do paciente e, sendo assim, manteve-a inalterada. Mas, na verdade, o que determina que alguém vá consultar um psicanalista é pouco localizável em função dos critérios médicos, ainda que o acesso ao psicanalista tenha sido facilitado pelo médico que está, por vezes, sobrecarregado desses pacientes neuróticos ou ditos psicossomáticos, por quem ele pode fazer muito pouco e para os quais a Psicanálise oferece uma saída que, no plano da sintomatologia tradicional, "inexplicavelmente" é muito mais eficaz, e portanto o médico não hesita em recorrer a ela.

A demanda feita ao psicanalista é recebida por ele como sendo o modo particular de o paciente interpretar para si mesmo seu próprio sintoma, a partir do que ele sabe e também do que ele não sabe, a partir do desconforto de tipo especial que lhe causa seu sintoma.

O sujeito tem uma teoria de si mesmo com a qual, ainda que não saiba exatamente como expressá-la, atravessou diversas etapas de sua vida e enfrentou uma grande variedade de acontecimentos. "De repente", algo acontece em sua vida que faz com que a aplicação dessa teoria se torne ineficaz, e isso faz com que o sujeito, ao se ver perdido e sem referência, passe angustiado a se perguntar: "Afinal de contas, quem sou eu? O que é essa coisa estranha a mim, esse sintoma que me deixa no mal-estar?". Lacan vai dizer que a esses acontecimentos que "desorganizam" a vida do sujeito poderíamos chamar de um encontro dele com o Real, aquilo que não tem nome e que portanto lhe causa angústia, ao mesmo tempo que lhe coloca, como num susto, a questão: "O que é *isso*?".

É muitas vezes um acontecimento aparentemente simples que tem a função de fazer com que a antiga e conformada repetição de um sofrimento se transforme em algo intolerável e incompatível com a teoria que o sujeito faz de si mesmo. Esses acontecimentos, sabemos, a princípio podem ser qualquer coisa, mesmo que mais adiante, no processo analítico, se vá descobrir que não foi uma coisa qualquer. Tomamos conhecimento assim de que a morte de um próximo, o casamento de um irmão, a entrada em análise de um filho, o acaso de um filme, uma formatura, uma cirurgia, a cura de uma doença orgânica e outras tantas coisas são fatores que podem desencadear uma reação no sujeito que culmina com a decisão de buscar uma análise.

Não é muito compreensível no discurso médico qual razão poderia ter levado, de fato, alguém que "nunca acreditou nisso" a procurar uma análise no dia em que descobre, por exemplo, que a sua esposa não é filha legítima do seu pai. Aquilo que é da ordem da fantasia e que portanto tem uma importância capital para o sujeito humano (porque sabemos, uma fantasia é capaz de levar um sujeito a atuações que um dado de realidade não levaria) está excluído da ordem médica. Existem situações em que o médico não tem como enxergar dados significativos, porque eles só ganham sua lógica se forem entendidos dentro de um referencial subjetivo e fantasmático. Tomamos como exemplo o caso contado por Clavreul (1983), de um homem que, habituado há muito tempo a ser traído – se não consentindo, pelo menos resignado – subitamente descobre que a situação é intolerável quando lê uma carta do amante de sua esposa e vê que ela está cheia de erros de ortografia, o que evidentemente não é suportável quando se é professor de Letras! O que teria um médico a fazer com uma demanda que vem decorrente deste acontecimento, que tem a princípio um tom de anedótico, de gozado?

O que teria o médico a fazer com o fato de um doente ter tido o seu primeiro enfarte no dia da morte de seu irmão? Mesmo que ele pronuncie algumas palavras de compaixão e simpatia numa tentativa de consolo, o que diz mais respeito à caridade do que à Medicina, mesmo que ele atribua importância a tal "coincidência", a data da morte do seu irmão tem, no discurso médico, a função de uma referência cronológica que permite marcar uma data, porque, além disso, essa constatação não teria nenhuma outra função prática, já que o médico não pode proibir ao doente a morte dos seus entes queridos (Clavreul, 1983).

Isso é para marcar o quanto alguns fatores que levam o sujeito a demandar uma análise, enquanto são insignificantes e passam desapercebidos quando tomamos como referência a ordem médica, são para o psicanalista significantes e sintomáticos porque revelam a falha de uma estrutura. É nesse sentido que, desde a escuta e a acolhida da demanda do paciente, as duas clínicas, médica e psicanalítica, se distanciam.

O Sintoma

O sintoma poderia ser, já que as duas clínicas se propõem a tratar de algo a partir dos sintomas, o ponto que funcionaria como uma intersecção. O paciente poderia desfilar da clínica médica à psicanalítica, assim como desfila de uma clínica médica para a outra (do clínico geral para o endocrinologista, por exemplo), quando o sintoma conviesse mais a um do que a outro especialista. Mas não é isso que ocorre. É também, e basicamente, pelas diferentes noções do que é sintoma que a clínica psicanalítica se desvia da especificidade do modelo médico.

No campo da Medicina, o sintoma, mesmo sendo ele apresentado pelo doente, é constituído pelo médico. É ele quem observa esse sintoma, quem o examina, quem o descreve, quem o classifica, enfim, quem lhe dá um nome. Aquilo que para o doente é tido como algo estranho a ele próprio, também o é porque ele sabe que quem tem uma certa intimidade com o sintoma é o médico. Inclusive, podemos nos perguntar, no que diz respeito à clínica psiquiátrica (para que isso fique mais evidente): qual é a referência dos grandes sintomas clássicos, como, por exemplo, o maneirismo, a estereotipia, o negativismo, as bizarrias, o paradoxismo, as discordâncias, os atipismos etc...? A referência última é, deve-se dizer, o sentimento do psiquiatra em relação ao fenômeno.

No campo da Psicanálise, quanto aos sintomas, não se trata de vencê-los, mas de interpretá-los. Freud começou investindo na formulação de um dispositivo terapêutico que permitisse a eliminação dos sintomas para poder, depois de longos anos de experiência, decifrar o sentido e a função dos sintomas. A sua descoberta foi a de que o sintoma é o resultado de um processo psíquico que tem por finalidade substituir algum desejo inconsciente, ou seja, o conteúdo inconsciente recalcado é substituído por outro, segundo determinadas linhas associativas, ao mesmo tempo que acarreta uma satisfação, pela própria substituição, do desejo inconsciente que nele está representado.

O que há de novo, a partir de Freud, é que o sintoma, embora seja um elemento simbólico que representa alguma coisa e, portanto, está aí para ser interpretado, contém em si mesmo o que há de mais Real e que diz respeito à verdade do sujeito.

É por isso que a partir da Psicanálise a noção de sintoma se distancia do que é o sintoma constituído pelo discurso médico, e, sendo assim, a clínica psicanalítica distancia-se também daquilo que poderiam ser os critérios que definem a classificação do que é normal do que é patológico. Do mesmo modo que podem constituir-se como sintomas as perturbações da vida sexual, as depressões, os ritos obsessivos e as conversões histéricas, podem também constituir-se como sintomas um brilhante êxito escolar, social ou profissional, e até mesmo uma "normalidade" sem falhas.

A tradicional sintomatologia psiquiátrica, referenciada no modelo médico, não serve à clínica psicanalítica porque esta última se fundamenta não propriamente no "sofrimento" do sujeito, já que a estrutura neurótica suporta tão bem a dor com um masoquismo que não desmente a queixa do interessado, mas se fundamenta na apreciação dos "investimentos" do sujeito e de suas inserções numa vida pessoal e social, porque não há lugar que não deva ser considerado eventualmente como sintoma, definível como o refúgio no qual o sujeito abriga e esquiva os impasses da organização de suas fantasias. Quando Lacan diz que a greve é um sintoma ou, ainda, que a "mulher é um sintoma", não é que ele pretenda com isso inventar novas categorias nosográficas ou fazer uma nova psicopatologia da vida social e sexual. É que os fatos ordinários e extraordinários da vida privada ou pública constituem, igualmente, lugares em que se pode interromper e, consequentemente, se esconder o discurso de cada um (Clavreul, 1983).

O lugar em que aparece o sintoma não é, e não pode ser, independente do discurso do Outro. Lacan nos diz que o sintoma é feito para o Outro na medida em que ele é uma resposta possível ao que o sujeito interpretou como sendo o desejo do Outro. Isso é muito evidente quando da entrada de um sujeito em análise e do aparecimento da neurose transferencial. Mas, ainda para usar um fato da clínica psiquiátrica, tomemos como exemplo o ritual da "apresentação de doentes" numa consulta pública, em que a maioria quase não percebe que o louco rapidamente aprende o que deve confessar do seu delírio e o que dele deve "criticar" em função do que quiser obter dos psiquiatras. Ele aprende isso assim como o delinquente aprende o que interessa confessar à polícia. Nesse sentido, o psiquiatra desconhece a parte que toma na produção do sintoma, do objeto que estuda.

Uma vez que, finalmente, para a Psicanálise tudo pode se constituir como sintoma, já que a psicopatologia da vida cotidiana deve incluir não somente os fracassos, os malogros identificados por Freud, mas do mesmo modo aquilo que é geralmente aceito, senão valorizado, a partir do que o sintoma será localizável para o psicanalista? O sintoma psicanalítico só existe enquanto falado pelo paciente, ou seja, a clínica psicanalítica é fundamentalmente uma clínica feita pelos pacientes, oriunda do seu próprio discurso.

Segundo Miller em "Psicanálise e Psiquiatria" (1987; p. 115), é nesse sentido que podemos falar do sintoma propriamente freudiano, este que "só existe a partir do discurso do paciente, dentro do dispositivo analítico. E se o sintoma psicanalítico só o é se constituído na experiência psicanalítica, no endereçamento do discurso do paciente ao analista, estamos dizendo que o analista faz parte do sintoma analítico, que ele está implicado em sua função. É por essa razão que Freud pôde dizer que o primeiro momento da experiência analítica se traduz por uma reorganização do sintoma, reorganização esta que requer precisamente que o psicanalista tenha se incluído no sintoma, tenha vindo completar o sintoma na experiência". Isto coloca o psicanalista numa situação delicada, porque ele não está numa relação de exterioridade em relação ao sintoma, não pode olhá-lo à distância, já que faz parte desse quadro.

2.9. Psicanálise X Medicina: sobre as noções de cura e tratamento

Se na Medicina a noção de cura bem-sucedida está relacionada com o resultado de um tratamento que tem por finalidade última a eliminação dos sintomas, as noções de tratamento e cura psicanalítica acham-se, de certa forma, subvertidas e devem ser retomadas dentro de uma problemática nova.

Para a Psicanálise o eventual desaparecimento do sintoma, no sentido médico habitual, não basta de forma alguma para considerar um sujeito curado. Clavreul (1983) nos diz que não são raros os casos clínicos em que o paciente começa a apresentar episódios de forte angústia e depressão quando vê eliminados os distúrbios dos quais (através dos quais) poderia, então, se queixar abertamente, pois não sabe mais o que fazer com a deterioração de sua vida que anteriormente não podia confessar, nem para si mesmo. Já outros casos são os de pacientes cuja vida está transformada pela análise, mas que continuam a afirmar a persistência de um sintoma fóbico, obsessivo ou outro, que, no entanto, não os incomoda mais.

O paciente curado, do ponto de vista médico, é muitas vezes, do ponto de vista psicanalítico, um paciente a ser tratado; isto é para destacar, rapidamente, o fato de a cura psicanalítica considerar, na direção do tratamento, alguns aspectos incuráveis do sujeito. Se na entrada em análise temos um sujeito dividido, na saída ... ele segue sendo dividido. Então, o que se passa numa análise? Passa-se uma transformação da relação do sujeito com o Real, que não faz desaparecer a divisão do sujeito, que a trata sem reduzi-la. Não é por isso que se está autorizado a falar que uma Psicanálise não tem êxitos terapêuticos. Isso não é verdade. Não há Psicanálise sem êxito terapêutico, porque se não houvesse eficácia terapêutica, não ficaria nada da Psicanálise, depois de tudo, para assegurar-nos que todo esse "blablablá" está conectado com algo real. Uma psicanálise tem consequências, sim sérias porque dizem respeito à posição do sujeito na sua relação com o Outro, ao atravessamento da organização fantasmática alterando as relações do sujeito com o seu objeto.

Se *é* assim, enquanto o discurso médico é portador de uma norma que regulamenta o melhor tratamento para determinada doença, e para o acesso a essa norma basta o "consentimento" do doente em troca de cura, a Psicanálise, ao contrário, não poderia nem propor um modelo ideal, nem, sobretudo, o impor, porque não há um modelo de um homem normal, aquele que ele foi e que, depois de uma Psicanálise, deverá voltar a ser. Isto não significa dizer, é claro, que o discurso psicanalítico não seja, em si mesmo, portador de suas próprias normas.

Para que uma Psicanálise seja, de fato, Psicanálise, ela não pode pretender ajustar o paciente dentro de um padrão normal, adequando-o ao que *é* correto, pois a posição de saber o que é justo e correto para o doente é a posição médica, e não a do analista. (Nós, enquanto sujeitos, sabemos que nem médicos nem psicanalistas sabem, no fundo, o que é melhor para eles mesmos. E lá onde pensam que estão bem adaptados, tropeçam e dão de cara com o desejo, do qual nada sabem!).

E por que a Psicanálise não se propõe a fazer um belo trabalho de adaptação ou readaptação do sujeito? Porque sabe perfeitamente que é porque ele está muito bem adaptado ao seu sintoma, que sofre e vem pedir socorro. É muitas vezes por estar bem adaptado demais a uma norma social que o sujeito adoece. Com a ideia de que seu papel era dar ao paciente a justa medida de sua organização libidinal e que sua função era triunfar sobre as "resistências" que lhe eram opostas para devolver a força do ego e permitir o acesso ao *genital love*, é que muitos analistas só fizeram retomar a posição médica.

Seria, portanto, somente em função da persistência do discurso médico que a consulta junto ao psicanalista se faria segundo o modelo médico tradicional, e isso seria mais ou menos o seguinte: enumeração dos sintomas pelo consultante, interrogatório mais ou menos sistemático, a fim de fazer aparecer uma sintomatologia que o paciente poderia desconhecer ou esconder, e avaliação da força do ego, aquilo que indicaria as chances de "cura" do sujeito a partir da compreensão dos mecanismos aí envolvidos. Essa noção de força do ego não deixa de ser o reflexo muito vago e impreciso da já vaga noção médica de boa saúde geral. Segundo Lacan em "Psicanálise e Medicina" (1966; p. 97): "os temas correntes em certa prática investigadora que se chamam de psicotécnica, em que as respostas são determinadas em função de certas perguntas, elas mesmas registradas em um plano utilitário, têm seu preço e seu valor em limites definidos que nada têm a ver, no fundo, com aquilo que está em jogo na demanda do doente".

Sob todos os planos, a retomada do modelo médico pelo psicanalista só pode desviar daquilo que constitui a originalidade, a especificidade de sua clínica. A posição de um psicanalista não é a mesma posição do mestre que detém o saber sobre a verdade do sujeito. Na análise, o esperado é que o paciente confesse ele mesmo a sua verdade e que o faça sem sabê-lo, na medida em que, independentemente de sua boa ou má vontade, ele termina não dizendo o que queria dizer; diz o que não queria dizer e se depara com o fato de que seu discurso não é aquele que ele crê. A regra fundamental da Psicanálise, a da *associação livre*, é aquela na qual o discurso toma a medida dos seus próprios impasses, e, quanto às normas, nosso paciente aprende rapidamente que é das suas que ele terá de falar.

É por tudo isso que Clavreul (1983) diz que a Psicanálise não correspondeu à expectativa do cientista, nem por sua metodologia, nem por seus resultados. Ela não correspondeu à expectativa do médico por sua inaptidão radical para colocar em relação causal fatos psíquicos com efeitos biológicos ou doenças. E essa mesma inaptidão constatamos na Biologia e na Medicina para enunciar o que quer que seja que diga respeito ao desejo.

O cientista acredita no objeto, é nele que ele se debruça para produzir um saber que, diz ele, é da ordem da verdade. Para Lacan, é enquanto faltoso, ou melhor, objeto a, que o objeto funciona, isto é, faz funcionar o desejo, inclusive o desejo de saber do cientista.

O que é preciso que fique claro, a partir da antinomia fundamental entre as duas ordens, é que não pode ser sustentado nenhum projeto de instauração de uma troca de bons procedimentos, um vaivém entre soma e psique. É, com efeito, tentador demais, fácil demais, fazer da Psicanálise o que viria completar do lado do psiquismo o que a Medicina faz do lado do corpo. De certa forma, o discurso médico é desumanizante no que estuda a doença e a separa do homem, o qual figura aí apenas como terreno. Isso não significa que a Psicanálise possa pretender constituir essa Antropologia que a Medicina não pôde construir. A Psicanálise, por sua vez, não conhece do homem senão sua "falta a ser", pela palavra na qual ele testemunha isto.

Para terminar, segundo Clavreul (1983; p.195), "'Não há diálogo', diz Lacan, num contexto inteiramente diferente. Esta fórmula se torna particularmente evidente no confronto entre médico e doente, visto que este último está votado a se calar, para deixar a palavra apenas aos sintomas. Ela também o é entre médico e psicanalista, cujos discursos se cruzam às vezes em torno dos mesmos sintomas, mas não se articulam. Tampouco há, bem entendido, diálogo entre o paciente e o psicanalista, mas isto é uma outra história que constitui precisamente o objeto da cura psicanalítica".

Capítulo 3

O Psicanalista no Hospital: Obstáculos, Limites e Alcances

Se a questão que norteia esse trabalho é "o que pode o analista no hospital?", esta é também uma questão que nos faz pensar nos obstáculos, nos limites e nos alcances da Psicanálise e, consequentemente, até onde vai ou poderia ir a atuação dos psicanalistas. Sabemos bem que o que um psicanalista faz com o instrumental teórico e técnico que conhece depende menos da própria Psicanálise do que da relação que ele tem com ela.

Mas, evidentemente, não se pode dizer que se está fazendo Psicanálise quando se faz qualquer coisa com os fundamentos dela. E não é porque há, como temos visto ao longo deste trabalho, um lugar para o analista no hospital, que ele vai se propor a assumir esse lugar que lhe é "aberto" sem antes pensar na complicação que é inerente à sua entrada nesse contexto hospitalar. Se ele não levar em conta essa complicação, vai correr o risco de fazer qualquer coisa achando que está fazendo a melhor das psicanálises, justamente porque "se acha" psicanalista.

E, de acordo com o que vimos no capítulo anterior, essa complicação não está apenas na relação do analista com o médico; ela está centrada também na relação do analista com a própria Psicanálise, na articulação que ele faz entre o que o fundamenta teoricamente e as várias situações com as quais se depara. Se fazer isso quando ele está "resguardado" em seu consultório já é complicado, eu diria que fazer isso no hospital é complicadíssimo!

O fato é que seja lá onde estiver situado, o lugar do psicanalista não é um lugar confortável, principalmente quando no contexto o que domina é a ordem médica. Mas o analista no hospital encontra-se com questões práticas que podem transformar-se, se não forem bem fundamentadas teoricamente, em verdadeiros obstáculos para sua atuação, e desta forma inviabilizar o seu trabalho, fazendo desaparecer o seu lugar.

Para tentarmos responder a nossa questão primeira, pensando na própria eficácia da clínica psicanalítica, nos seus obstáculos, limites e alcances, vamos nos dedicar, então, à análise de alguns desses pontos que, enquanto complicadores, poderiam impossibilitar o trabalho analítico no contexto hospitalar.

3.1. A questão da transferência na instituição hospitalar

Costuma-se pensar na instituição como o maior obstáculo para a atuação analítica, posto que se diz que a transferência do paciente ou é com a instituição ou é com aquele a quem ele vai buscar nela, o médico.

Se entendemos a transferência como transferência de saber, o que fica claro é que o paciente vai ao hospital porque supõe encontrar lá o saber médico, ou seja, a transferência é com o médico, já que o saber é dirigido a ele. O paciente vai perguntar o que ocorre consigo mesmo, pois supõe que o médico tem esse saber. Portanto, é de se esperar que alguns fiquem um tanto quanto desapontados quando se deparam com um analista que lhes pede que falem sobre si mesmos. Mas o que é surpreendente é que eles falam, e falam como se ali, na figura do analista, tivessem encontrado o que não sabiam exatamente que procuravam: a si mesmos. Um analista não deixa de ser isso, o lugar onde as pessoas encontram um saber sobre si mesmas, mas supõem, por transferência, que este saber está no outro analista.

É nesse sentido que me parece importante rediscutir essa ideia falsa de que a instituição é um obstáculo para a realização de um processo analítico porque ela é um lugar onde o paciente vai para buscar o médico e por isso "adere" à psicoterapia, ou vê o psicólogo como um intruso. Isso não é verdade.

Por que, então, pacientes que vão à mesma instituição, em busca de saber médico, ao serem encaminhados para o analista, começam ali mesmo um processo de análise? Por que pacientes internados na instituição, lugar estruturado para fazer valer a ordem médica, ao receberem a oferta de escuta por parte de um analista, iniciam ali mesmo, no leito, "apesar" de sua doença aguda, crônica ou terminal, um processo analítico que por vezes continua após sua alta?

Fico a pensar nesses casos, ou talvez nessas "exceções", onde se dá pelo menos o início de um processo analítico na instituição, o que, de alguma forma, me faz deduzir que o obstáculo para a Psicanálise não é a instituição propriamente dita, porque ela é apenas um lugar onde as coisas acontecem.

O que poderíamos colocar como fatores que impossibilitariam o início de uma análise seriam, portanto, a falta de um analista (já que não há análise sem analista) e a falta de demanda por parte do paciente (já que a análise não pode se dar sem que o paciente demande). Se o paciente da instituição não tem demanda de análise porque o pedido dele se resume a um pedido de alívio de dor dirigido unicamente ao médico, isso é outra questão, e não se teria mesmo muito o que fazer com alguém que não deseja mais que isso, com alguém que diante de uma oferta não faz uma demanda de saber sobre si mesmo.

Se o sujeito quer saber sobre si mesmo, ele vai demandar isso onde quer que ele esteja, independente do fato de ter algo orgânico ou não. Vale a pena ressaltar aqui que a questão da demanda e da transferência de saber é a mesma tanto na instituição quanto no consultório particular, não tem a ver com onde está o paciente, mas com ele próprio. Pouco temos a fazer com quem chega ao consultório, por exemplo, apenas porque o médico e/ou a família obrigaram. E nem por isso poderíamos dizer que o médico ou a família são obstáculos para a realização de uma psicanálise. O que decide é a demanda e o ato do psicanalista diante desta.

3.2. Sobre o *setting* no hospital

Sobre o *setting*, o que estivemos vendo até aqui foi que, a partir dos artigos técnicos de Freud, onde ele faz *recomendações aos médicos que exercem a Psicanálise*, faz considerações *sobre o início do tratamento* e *sobre o amor transferencial*, definiu-se o que seria, o que se denominou de *setting* analítico: um conjunto de normas que deveriam ser rigorosamente seguidas para que se pudesse garantir a existência, a legitimidade e o bom andamento de uma psicanálise.

Quer dizer que o *setting* analítico da cura-padrão se definiria, então, por ser estrito e se caracterizaria antes de tudo pelo "dispositivo divã-poltrona" e em seguida pelo "rigor quanto ao número, à regularidade e à duração das sessões". O que definiria, portanto, o dispositivo freudiano não seria a associação livre, mas, entre outras coisas, o mobiliário, o par divã-poltrona e o horário (Quinet, 1991).

De acordo com esse ponto de vista, através do que se chamou de contrato, estas normas devem ser comunicadas ao paciente, e este deve aceitá-las a fim de que possa ser atendido o seu pedido de cura. Aí são determinados pontos, tais como a duração das sessões, quantas vezes por semana se darão os encontros, a posição em que o paciente deve estar para falar tudo o que lhe vem à mente (aqui a regra fundamental é colocada como secundária ou igual às outras), e esta deve ser deitado no divã (pois acredita-se que esta posição facilitaria a regressão necessária para o analista descobrir o Inconsciente) e os honorários do analista, como esse pagamento deve ser feito.

Fazendo com Lacan o retorno à proposta freudiana propriamente dita, descobrimos que o que é essencial é buscar e questionar o sentido dessas normas que compõem o chamado *setting* analítico para não estarmos apenas repetindo-as mecanicamente.

Por que será que Lacan combate a ideia de padronização e de variantes da Psicanálise? Para que o analista possa manejar a sessão de acordo com a única regra que deveria ser imposta aos analisandos: a associação livre. Para ele, é preciso buscar o fundamento ético para todo e qualquer procedimento técnico (Quinet, 1991).

Se, então, o que garante a boa execução de uma Psicanálise é o manejo da transferência, os fundamentos éticos dos procedimentos técnicos e o "desejo do analista" de que a análise se dê, é por isso que Lacan varre a padronização rompendo com o *setting* analítico.

Partindo da visão lacaniana das condições de possibilidades da Psicanálise e do fato de que a garantia dela não está num *setting* ideal, entendemos que a Psicanálise ultrapassa as fronteiras de um consultório bem mobiliado para descobrir que o Inconsciente não está nem dentro nem fora, ele está aí *onde o sujeito* fala. Portanto, o manejo do discurso de um analisando, aquele que demandou saber, pode perfeitamente acontecer quando ele está num leito de hospital, e que este leito pode também ser, assim como é o divã ético, leito de se fazer amor de transferência.

3.3. O tempo (breve) em análise

Diz-se que uma análise leva tempo para chegar ao seu final. É verdade, e, na maioria das vezes, mais tempo do que se costuma imaginar.

O que pretendo discutir neste ponto é que o fator tempo pode ser um obstáculo real para que se dê uma Psicanálise, sem dúvida. Mas não seria o tempo breve uma impossibilidade para que se dê início a uma Psicanálise, mesmo quando ela é iniciada no hospital.

Não se pode recusar uma demanda de análise por causa do pouco tempo, por exemplo, que um paciente tem de internação ou de vida.

O fator tempo cronológico, então, pode ser um não facilitador da realização da análise quando não há tempo suficiente para atender às demandas ou quando não há tempo para atender quem precisa falar mais que uma vez por semana, ou quando o paciente recebe alta depois das primeiras entrevistas e tem de voltar para a cidade onde reside etc... Mas é preciso que fique claro que quando falamos desse tempo, ou melhor, da falta dele, estamos falando de disponibilidade de tempo, estamos tratando de um tempo prático, o do relógio (seja ele do paciente ou do analista, a depender de quem não tem tempo para trabalhar), estamos falando de um tempo que nada tem a ver com a experiência analítica propriamente dita, porque, de acordo com Quinet (1991; p. 57-58), "o tempo em Psicanálise deve corresponder à estrutura do campo freudiano". E esta "é equivalente à estrutura da linguagem. O sujeito é definido a partir de sua determinação pelo significante, definição correlata à formação do inconsciente estruturado como uma linguagem".

Se conseguíssemos dividir a direção da cura analítica em três tempos, tal como faz Lacan nos três tempos do Édipo, poderíamos dizer que no primeiro tempo estão as entrevistas preliminares; no segundo, a análise propriamente dita; e no terceiro, o final da análise.

Em minha experiência, o que é mais frequente no hospital, basicamente no que se refere ao trabalho na enfermaria, é que o trabalho analítico não avança além do primeiro tempo, pois o período de internação não coincide com o tempo de o paciente entrar em análise em direção à travessia do fantasma (o que caracterizaria o final).

Neste sentido é um trabalho breve, mas segundo Freud esse experimento preliminar é ele o próprio início da Psicanálise e deve obedecer às condições dela. Quer dizer, há uma análise iniciada e que num curto espaço de tempo é interrompida, o que não deixa de ter um efeito analítico no paciente, no sentido do que Lacan chamou de *retificação subjetiva*, feita nas entrevistas preliminares à entrada em análise e que significa o processo em que se promove a modificação da relação do sujeito com o real, a implicação dele nas desordens das quais se queixa.

O psicanalista não está preocupado em fazer, por dispor de um curto espaço de tempo, um breve trabalho de adaptação do paciente à sua realidade atual (realidade que ele diz não estar suportando), mas de mostrar-lhe que a ela está muitíssimo bem adaptado, já que, de alguma forma, concorre ou concorreu para a sua fabricação.

Retificado, saindo da posição de objeto para a de sujeito dividido pela própria castração, sujeito que não sabe muito bem o que faz, muito menos o que diz, ele faz questões e as dirige para um Outro-analista; as dirige porque supõe que este Outro-analista, que o apontou enquanto dividido, sabe como fazer para fazê-lo voltar a ser "inteiro". Enquanto o tempo do Inconsciente permite esse movimento de entrada em análise, de manifestação da transferência, às vezes ocorre que o tempo cronológico promove a interrupção do processo, quando ele está de alta médica e precisa ir embora. Em alguns casos o paciente continua o processo de análise iniciado, no ambulatório do mesmo hospital, às vezes com o mesmo profissional. Outras vezes, só depois ficamos sabendo, vão continuar sua análise em outro lugar.

3.4. A Psicanálise e o paciente terminal

Como é que se vai propor ao paciente uma retificação subjetiva para entrada em análise se sabemos que ele tem, objetivamente, um mês de vida mais ou menos? Se formos rigorosos, como dissemos no item anterior, não trabalhamos com o tempo cronológico e poderíamos fazer isso com o paciente terminal, desde quando ele demandasse análise. No entanto, nesses casos, a demanda deste tipo de paciente não é propriamente a de análise, mas sim de apaziguação da angústia de morte. Sabemos que a angústia advém da falta de significantes; então, me parece que o que um analista *pode* fazer com um paciente à beira da morte e que sabe disto (pois todos nós podemos estar também à beira da morte com a diferença que não sabemos propriamente disto), não só no hospital, mas também no seu consultório, ou na casa do paciente, é se oferecer como escuta, como um Outro que possibilita a fala, dado que as formações simbólicas têm como função dar conta da angústia, ainda que não toda.

Para Freud, a morte seria inanalisável, o limite do analisável. Mas parece que, se o paciente demanda um Outro que o escute enquanto morre, é porque a questão da morte precisa ser falada.

Muitas vezes tem-se dito que não há o que fazer com o paciente terminal porque, na verdade, não se consegue facilmente escutar sobre a morte, a real concretização da castração que o neurótico evita a cada passo que dá na vida. Negar atendimento, escuta, a um paciente assim seria mais um passo em que se estaria evitando "dar de cara" com a própria castração.

3.5. O psicanalista e a equipe multiprofissional

Esse é um ponto importante, pois manifesta, demarca, uma diferença muito grande entre o analista "resguardado" de tudo e de todos no seu consultório e o analista exposto "aos quatro ventos" no hospital. Aí é preciso ter muito, mas muito claro, o lugar que ocupa, a posição simbólica que é a dele, para não se confundir com questões concretas de lugar e posição.

É muito comum o psicólogo reclamar incessantemente dos médicos por não ter um lugar para trabalhar. De que lugar ele está se queixando, e logo para o médico? É preciso se pensar na possibilidade de sua queixa se referir não exatamente à falta de sala (porque ter uma sala é – ou deveria ser – uma consequência lógica da contratação de um psicólogo quando ele é necessário), mas ele pode estar se queixando da falta de um outro espaço, sem muitas vezes se dar conta disso.

Ora, teoricamente, se o psicólogo é contratado para trabalhar numa instituição é porque ali ele tem um lugar reservado. A questão é que, na maioria das vezes, esse lugar que lhe é reservado é o de ajudante do médico, e se o psicólogo aceitar esse lugar, se se colocar nessa posição, se "cair nessa armadilha", ele não pode vir a se queixar depois, principalmente da falta de sala, já que ele próprio fez desaparecer o lugar que, apesar de distorcido, lhe havia sido aberto.

Explicando melhor: para o médico, o psicólogo é necessário para ajudá-lo quando algo estranho (a ele, médico) está conturbando a execução de suas atividades. Se estiver tudo bem para o médico (o que não significa dizer que está tudo bem com o paciente!), o seu "ajudante" psicólogo será destinado, sem sombra de dúvida, ao esquecimento, até que algo venha a conturbá-lo novamente. Quando o psicólogo responde à solicitação médica nessas condições, quer dizer, se ele vai "ajudar" quando é necessário, ele se confirma nessa posição de ajudante do médico. Ao mesmo tempo, sem se dar conta, quando não é necessária a sua "ajuda", ele se sente esquecido, desprestigiado, e se queixa de que não tem lugar. Essa queixa pode se manifestar, por exemplo, pela reivindicação da sala.

Evidentemente não estamos dizendo com isso que o psicólogo deve-se negar ao pedido de atendimento médico, nem que ele está impedido de ajudar o médico quando isso for necessário, pois se ele fizesse isso estaria cometendo uma violência contra si mesmo ou um ato irresponsável! Não, não se trata de nada disso.

A questão é que o que propomos como modelo de intervenção é o modelo psicanalítico. Então, a colocação de que o lugar do analista não é o de "ajudante" do médico é para mostrar que o lugar do analista é no psiquismo do paciente. E a posição que ele ocupa, a princípio, é a de *sujeito suposto saber*. O analista é, para o seu paciente, ora aquele que sabe sobre o seu Inconsciente, ora o objeto de amor que vai satisfazê-lo para sempre (é isso que ele imagina!). Se ele sabe manejar a transferência, a partir da demanda de análise, o seu lugar está garantido.

Então, quando dizemos que o lugar do analista não é o de "ajudante" do médico, é para marcar que ele não está na mesma ordem que o médico, que ele não vai pela mesma trilha, assim como vão todos os outros profissionais não médicos que estão no hospital, que estão ali para executar as suas atividades em função de obedecer às ordens médicas. Os recursos que esses profissionais dispõem para obedecê-las são claros e passíveis de serem utilizados para que se atinjam os objetivos médicos. Não há, portanto, polêmica em cima do trabalho da Enfermagem, da Fisioterapia, do Serviço Social. Todos esses profissionais estão ali para cumprir a ordem médica, e eles estão bem instrumentalizados para isso. Mas quando se trata de um analista na equipe há essa complicação, porque o que direciona o seu trabalho não é a ordem médica, ainda que ele tenha sido contratado para se pôr, também, a serviço dela.

Tratam-se de registros absolutamente antinômicos o da Psicanálise e o da Medicina. Mas isso não quer dizer que o analista que trabalha numa instituição de saúde é um inútil para o médico ou para os outros membros da equipe. Evidentemente não é assim. Não é porque ele está excluído da ordem médica que ele não serve a ela. Ele serve sim, porque se não servisse ele não estaria lá; aliás, é justamente porque ele serve que ele é mantido na equipe. Ele serve na medida em que ele promove, pelos próprios caminhos da Psicanálise, resultados que para eles, os médicos, são interessantes. Por exemplo, eles nos solicitam porque um determinado paciente está angustiado e grita com todo mundo, e isso eles não mais suportam porque o paciente está se recusando, agressivamente, aos procedimentos (essa é uma solicitação muito comum). O pedido é basicamente o de fazer com que o paciente se adapte à ordem médica. A partir do momento que o psicanalista oferece uma escuta ao drama subjetivo do paciente, este último passa a ter a possibilidade de transformar gritos em fala; ele já não mais precisa gritar para ser escutado. A partir do momento que pode falar ele tem a possibilidade de "significantizar" sua angústia. A consequência disso é que ele diminui o seu grau de angústia, e, quanto à agressividade, ele tem a possibilidade de transferi-la para um único objeto, o analista.

Quer dizer, ainda que o pedido médico, que é o de fazer calar, não seja atendido via aconselhamentos do tipo "não grite, fique calmo, isso vai passar", e sim via escuta e intervenção analítica, o resultado é o que interessa. A equipe não está muito interessada em saber que recursos têm o psicólogo ou o psicanalista para trabalhar no seu dia a dia: o que ela espera é ver o fruto do seu trabalho e, de preferência, o mais rápido possível.

O que constitui um problema complicadíssimo para o analista na instituição de saúde é exatamente (e isso ele precisa ter muito claro) que esse efeito positivo para os médicos, ainda que necessário para garantir o seu lugar, não pode ser o seu objetivo principal, mas sim uma consequência de sua intervenção. Porque se ele se mete a intervir com o paciente apenas no sentido de ajudar o médico (ou a equipe) a manter a sua ordem, ele pode até conseguir isso, mas necessariamente estará fazendo qualquer coisa (política, jogo de interesse ou o que preferirem), menos Psicanálise, pois estará deixando de lado a questão do sujeito ao colocar em primeiro plano a questão do médico. É como se o analista estivesse desejando algo mais além do único desejo que sua ética lhe permite: o de que a análise se dê.

Portanto, se há uma incompatibilidade nos discursos médico e analítico, nos métodos e nas referências, há uma compatibilidade nos efeitos, e isso garante ao analista um lugar na instituição de saúde. O analista sabe do seu lugar, e este é, portanto, se ele também faz parte de uma equipe multiprofissional, o referencial que tem para se relacionar com ela. A equipe pode ser o palco onde se evidenciam os papéis de cada personagem. O fato de existir uma equipe multiprofissional traz em si a diferenciação dos papéis de cada membro. Poderíamos dizer que cada um cuida da sua parte. Mas, apesar do efeito que causa em cada membro essa definição de papéis, seria um engano grave pensar que o paciente também está delimitado em partes, pois esse paciente não deixa de ser um todo complexo. É também para tentar resgatar esse todo, que é o paciente, que entra em cena o analista, pois, apesar de estar literalmente sob a responsabilidade de outros, ele não deixa de ser sujeito desejante; o seu corpo não é o hospedeiro de uma doença, ele é um sujeito doente, e isso tem consequências no seu psiquismo. O analista é o espaço oferecido para esse doente, para onde ele dirige sua fala, na medida em que diz o que lhe vier à mente. É evidente que essa oferta de escuta visa uma consequência: a localização subjetiva desse doente perante a realidade na qual está inserido.

Mas e quando o médico vem nos perguntar como está nosso paciente? Se o analista faz parte da equipe, é membro de uma equipe que visa assistir esse paciente, que diga o que acha que tem a dizer! E isso pode interferir na relação transferencial com o paciente? Pode, ou não. Vai depender do que ele diz ao médico, do que o médico vai fazer com o que ele diz e do que ele havia dito ao paciente quando se ofereceu para escutá-lo.

Enfim, é preciso que este lugar esteja claro para o profissional para que ele possa lidar com as várias situações que surgem decorrentes do fato de ele estar "exposto" na equipe. Mas também algo feito anteriormente, talvez um esclarecimento a respeito de sua função, pode facilitar, muitas vezes, o cotidiano do seu trabalho e as suas relações com os outros membros da equipe. Dizer não para alguns pedidos escabrosos, como, por exemplo, fazer parar de chorar um paciente que acabou de saber que tem um câncer, é, de certa forma, esclarecedor, pois o médico precisa, talvez, refrescar sua memória e lembrar que é natural que alguém chore ao tomar conhecimento de um fato dessa natureza. Esse tipo de pedido revela que algo está errado na visão que o médico tem sobre a função do analista. Ele está, provavelmente, pensando que o analista está ali para diminuir a sua própria angústia, eliminando a angústia do paciente.

Em outros momentos, é mais fácil compreender essa demanda do médico como um chamado comum, um alerta de que pode ser que determinado paciente precise falar, e tratar de ir escutá-lo.

3.6. A questão da demanda de análise, se no hospital quem se oferece é o analista

É muito mais confortável a situação do analista que está no consultório à espera de uma demanda do que a do analista que, estando no hospital, se apresenta ao paciente e diz que veio para escutá-lo? Aparentemente sim. Sob outro ângulo, esta questão fica sem muito sentido, já que a situação do analista no consultório é tão complicada quanto no hospital!

De que forma é mais confortável? Em que situações ser procurado pode ser mais confortável do que ser oferecido? Quando o analista põe em evidência os seus sentimentos, suas preferências pessoais. Todas as vezes que tive oportunidade de debater sobre essa questão, as pessoas me disseram que *não se sentiam bem em se oferecer* e questionavam: *"E se o paciente disser que não quer falar?"* Essa é uma discussão fundamental. Em primeiro lugar, faz-se necessário lembrar Lacan quando diz que conseguiu, em suma, o que no comércio comum se gostaria de poder realizar tão facilmente – com a oferta, criou a demanda.

É preciso refletirmos melhor porque isso é, antes de tudo, um princípio mercadológico, de economia, e nele há um suposto de que Freud queria, desde o começo, escutar; por isso ele teria criado as demandas. Sabemos que isso não é verdade. Sabemos que Freud tinha uma dificuldade grande para escutar seus pacientes. Aliás, podemos até dizer que era muito difícil para Freud escutar; a gente vê que o tempo todo ele "fala demais" para os seus pacientes. É como se ele não fosse muito *paciente* para esperar que as associações aparecessem, e ele se aproveitava, por fim, da transferência para sugerir aquilo que o paciente havia esquecido (o recalcado) e devia lembrar-se. No entanto, ele teve de escutar justamente porque os pacientes pediam que ele se calasse, quer dizer, havia uma demanda que gerava uma escuta.

Então, a questão que é suscitada a partir dessa frase lacaniana é a seguinte: a demanda de análise é constituída pela escuta ou a escuta surge a partir da demanda de alguém? Bom, a escuta de Freud surgiu, sem dúvida alguma, a partir da demanda dos pacientes, e acho que se hoje os psicanalistas continuam oferecendo a sua escuta é porque existe, além do seu desejo de escutar, as demandas para que alguém escute. Então por um lado a escuta existe e se mantém porque existe a demanda de escuta. Mas, por outro, a partir do que se pode concluir da experiência, o que Lacan afirma tem mesmo um sentido claro quando ele diz que com a oferta de escuta se cria a demanda. Isso ocorre em alguns tantos atendimentos que acontecem na enfermaria, que é onde o analista "escancaradamente" se oferece como lugar de escuta.

Nem sempre que se oferece a escuta se tem demandas, mas se se oferece a escuta é porque se supõe a existência de demandas. E nesse sentido esse é mesmo um princípio mercadológico. Quando algum psicanalista abre um consultório, isso é um lugar de oferta, e se espera com isso a criação de demandas, se não ninguém se arriscaria a um *negócio* desses.

Então, onde há oferta pode surgir demanda, e se surge a demanda é porque existe, em algum lugar, a possibilidade dela ser escutada.

Se alguém não se sente bem em oferecer a sua escuta, é preciso trabalhar *isso* em sua própria análise, se deseja ser analista, pois o que pode fazer um analista é, antes de tudo, oferecer-se. Oferecer apenas, para ser mais clara, a sua escuta. Então, se considerarmos os sentimentos do analista, aquilo que Freud propõe que ele deixe de lado para poder escutar o paciente, é mais confortável estar no consultório. Mas o fato de estar no consultório também não é estar se oferecendo para o possível paciente que está a caminho? Segundo Michel Silvestre, no texto "A transferência é amor que se dirige ao saber" (1989; p. 92): "A prática psicanalítica resulta de um estranho encontro, o do psicanalista e seu psicanalisando. Bastam esses dois para definir a experiência, mesmo porque o psicanalista não poderia se excluir da comunidade – do grupo – que o acolhe, e o analisando, para vir a esse encontro, com certeza sabe pelo menos, previamente, que tal encontro é possível e que lhe é oferecido. O psicanalista é o lugar dessa oferta: um tratamento. Em princípio está organizado para isso. Está constituído para o que se espera dele, para o que lhe pedem".

Então ser procurado já implica ser oferecido, se pensarmos que o analista é, como assinala Silvestre, o lugar dessa oferta. E é nesse sentido, é desse ângulo que a questão do conforto colocada anteriormente fica sem sentido, porque não podemos pensar nunca, em nenhum momento, nem em nenhuma situação que a posição do analista é uma posição confortável para uma pessoa. Não se pode pensar em conforto quando um analista se oferece para escutar o drama de um ser humano.

Estamos falando de conforto, ou da falta dele, no que diz respeito à posição do analista, e não à sua pessoa. É importante que isso fique claro porque o psicanalista precisa ter um mínimo de conforto garantido para poder escutar com atenção flutuante, porque, na maioria das vezes, não dá para atender com fome, com frio, com dor. Por isso, inclusive, desmarcamos sessões quando não estamos bem, quando estamos doentes. Sem dúvida é preciso estar em boas condições tanto físicas quanto mentais para se poder exercer bem qualquer atividade.

Então, quando fazemos essa referência ao conforto do psicanalista estamos nos referindo ao conforto da posição analítica para diferenciá-lo do conforto da pessoa do analista. Para uma pessoa se colocar na posição de analista, ela precisa se despojar de seus preconceitos, de seus sentimentos e de suas preferências pessoais, e é nesse sentido que não dá para se pensar em conforto quando se tem de fazer isso e, mais ainda, fazer isso para escutar o drama humano. Nesse sentido, a única coisa que poderíamos pensar que proporciona conforto ao analista é a técnica. Já no sentido da pessoa do analista, esta é exterior ao psiquismo do doente, e "isso" que está sentado numa poltrona (aí sim, de preferência confortavelmente!), que tem suas diferentes preocupações, seu corpo que pesa, suas costas que às vezes incomoda – essa pessoa não tem nada a ver com o Inconsciente do paciente. Mas a posição do analista, ou seja, o analista como lugar, não é exterior ao Inconsciente. Então é por aí que dizemos que não dá para pensar em conforto, na medida em que pensamos no conforto como um sentimento pessoal do tipo "é agradável ou é desagradável escutar isso ou aquilo".

Muito bem, mas voltando à questão da oferta e da demanda, tanto no consultório quanto no hospital, quem se oferece é o analista. A oferta está sempre do lado do analista; a demanda de análise, do lado do paciente.

O que há de peculiar para o analista no hospital é que ele vai pessoalmente comunicar ao paciente que existe o lugar dessa oferta, para que o paciente possa "vir" a esse encontro, se assim o desejar. Se não desejar, ele não tem o que demandar, o que não significa que o analista deixe de ser o lugar da oferta de tratamento. Ele não demanda, e daí? Não pode haver análise sem demanda, isso é evidente. Mas se, como diz Lacan, com a oferta se cria a demanda, que a análise se dê!

É importante notar que o que impede o início ou o andamento de uma análise não é o fato de o analista caminhar em direção ao paciente no leito e dizer que está ali, mas é a falta de demanda de análise. É rigorosamente a mesma coisa que pode acontecer em nossos consultórios, para onde alguns pacientes caminham porque previamente já sabiam que o analista estaria ali, quando chegam lá sem nenhuma demanda de análise, querem qualquer coisa, menos sair do lugar em que estão; querem tudo menos mudança. Não se pode aceitar essa demanda. São casos onde não se pode autorizar o início de uma análise. Segundo Quinet (1991; p. 20): "A demanda em análise não deve ser aceita em estado bruto, e sim questionada. A resposta de um analista a alguém que chega com a demanda explícita de análise não pode ser, por exemplo, a de abrir a agenda e propor um horário e um contrato. Para Lacan só há uma demanda verdadeira para se dar início a uma análise – a de se desvencilhar de um sintoma. A alguém que vem pedir uma análise para se conhecer melhor, a resposta de Lacan é clara – 'eu o despacho'. Lacan não considera esse 'querer se conhecer melhor' como algo que tenha o *status* de uma demanda que mereça resposta". No entanto, é preciso que analisemos com cuidado essa posição de Lacan porque esse "querer se conhecer melhor" pode ser um sintoma do paciente, e como tal tem de ser escutado. Ou esse despacho pode ser um sintoma de Lacan! Por que não? (Ele diz isso no contexto da formação analítica para marcar a sua posição radicalmente contrária à análise didática. O que ele quer dizer é que essa demanda ele despacha.)

Por fim, se sabemos que a oferta está do lado do analista e a demanda do lado do paciente, essa questão de ir ao leito do doente me parece que só pode impedir que a análise se dê se não há um *analista* de fato, e sim uma *pessoa* que se incomoda, que não se sente bem em fazer isso e tem medo de ser rejeitada pelo paciente. Sendo assim, é melhor que não se ofereça mesmo, porque, se a partir de sua oferta se criar uma demanda de análise, essa *pessoa* não teria o que fazer com *isso*, nem no hospital, nem no consultório.

Capítulo 4

A Psicanálise no Cotidiano do Hospital

Já nos perguntamos o que se faz quando se faz Psicanálise; já tentamos uma leitura psicanalítica do discurso médico com o propósito de delimitar o que é próprio do discurso analítico; já vimos também que o psicanalista no hospital encontra obstáculos, limites e que o seu discurso tem um alcance. Talvez o que falte agora, para tentarmos entender o que, afinal de contas, pode um analista no hospital, seja relatar um pouco da prática clínica, que tipo de trabalho encontrei pela frente, que intervenções fiz, quais outras deixei de fazer. Em que situação a intervenção analítica operou com sucesso e por quê? Em que situações a eficácia dessas intervenções é duvidosa ou é fracassada, e por quê?

Essa pesquisa vem sendo desenvolvida ao longo de alguns anos. Ela começou em 1986, num hospital psiquiátrico, e o campo foi sempre o mesmo (hospital psiquiátrico) até 1990, quando passei a trabalhar em hospital geral. Precisamente na Unidade de Fígado do Hospital das Clínicas da Faculdade de Medicina da Universidade de São Paulo, onde ela pôde ser continuada até a presente data.

Prossigamos, então, com a descrição de alguns episódios clínicos (alguns deles ocorridos em hospital psiquiátrico e outros em hospital geral), visando à análise da função e da posição do analista em cada um desses episódios.

4.1. Uma intervenção analítica no hospital psiquiátrico

J. S., vinte anos, estava internado num hospital psiquiátrico e tinha registrado em seu prontuário o diagnóstico de esquizofrenia. Era tido pela equipe médica como um paciente "mansinho, inofensivo" (sic), desde quando não se "mexesse com ele" (sic), pois essa era uma maneira fácil de deixá-lo muito agressivo com a equipe.

Fui solicitada para atender esse paciente a partir do momento que ele agrediu fisicamente a psiquiatra que o acompanhava, arrancando-lhe alguns tantos fios de cabelo. O que ela me pede literalmente é que: "tente qualquer coisa, pois a medicação já não mais dá conta desse sujeito; a qualquer tentativa de contato ele responde com agressividade, mas, quando a equipe não o aborda para nada, ele é amável, solicita com educação aquilo que lhe é necessário e se volta para si mesmo, fazendo do hospital um hotel e de mim e da enfermagem meros funcionários".

Eu já havia visto esse mesmo paciente algumas vezes, pois atendia a alguns outros que ficavam na mesma enfermaria que J. S. Naquela instituição atendíamos ou por solicitação da equipe ou apenas por curiosidade. Tínhamos liberdade de atender a qualquer paciente, independente da solicitação médica, embora não houvesse uma combinação prévia de que atenderíamos todos.

Chamou-me a atenção a solicitação urgente da médica imediatamente após a agressão ter sido dirigida a ela própria. Seu pedido era de alguém cansado e que está prestes a desistir. O seu discurso falhou, e então ela me pede que tente qualquer coisa. Não pude deixar de escutar esse "qualquer coisa" como um pedido desesperado de socorro para ela própria.

Evidentemente esse "qualquer coisa" reflete também, por um lado, o desconhecimento da médica no que diz respeito ao que é uma intervenção analítica, e, por outro, a esperança de que aquele profissional que não é médico nem enfermeiro possa ter um saber capaz de "dar um jeito" no paciente, que, àquela altura, se tornava insuportável pelo seu silêncio e/ou pela sua agressividade.

Perguntei a ela sobre história do paciente. Ela me disse que ele foi trazido pelo pai, há seis meses aproximadamente, porque tentara matá-lo a facadas, num acesso de loucura. Era usuário de drogas (ela não sabia precisar que tipo). Disse que o paciente chegara ao hospital completamente fora de si. Pelo relato que o pai fez à médica, J. S. teria tentado uma relação com a própria mãe, após ter estuprado a irmã, cinco anos mais nova.

Ao se livrar do filho a tempo, graças à chegada do pai, a mãe teria pedido ao seu marido que matasse aquele monstro. O pai, então, lutou fisicamente com J. S., conseguiu amarrá-lo com a ajuda de vizinhos e o levou para o hospital, de onde nunca mais ele saiu.

Perguntei-lhe sobre visitas, e ela me disse que poucas vezes depois da internação conversou com o pai de J. S., que este veio algumas vezes visitá-lo, tendo sido sempre agredido pelo filho, quando conseguia vê-lo.

Fui atender J. S. Ele estava no pátio, e eu deixei um recado com a enfermeira para que ele fosse a minha sala, assim que voltasse à enfermaria. Esperei cerca de trinta minutos, até que ele apareceu e me perguntou:

J. S.: Doutora, a senhora é doutora Lívia?

Eu: Sim.

J. S.: Eu sou J. S. A senhora quer falar comigo?

Eu: Sim, entre e sente J. S. Quero falar com você, sim.

J. S.: Pois não, doutora.

Eu: J. S., eu sou psicóloga, acho que você sabe disso, não é? Você já me viu algumas vezes falando com outros pacientes.

J. S.: Já, sim senhora.

Eu: Pois, então, agora é a sua vez. Agora é a vez de eu falar com você e você falar comigo.

J. S.: Falar o quê?

Eu: O que você quiser, qualquer coisa que lhe venha à cabeça. Aqui, qualquer coisa que você falar é importante.

Ele fica um pouco assustado com a minha proposta. E permanece em silêncio por alguns minutos. Eu espero em silêncio também, e ele recomeça:

J. S.: Eu acho que eu não tenho nada para falar, não, senhora.

Eu: Nada?

J. S. Só que eu já estou cheio de ficar aqui preso, isso aqui é uma prisão.

Eu: Prisão?

J. S.: É, prisão. Sabe o que é prisão?

Eu: Não.

J. S.: (Assustado.) Não sabe o que é uma prisão?

Eu: Não, J. S., me diga de que prisão é essa que você está falando.

J. S.: (Rindo.) A senhora tá brincando comigo. Não pode ser que uma doutora como a senhora não sabe o que é uma prisão!

Eu: Uma doutora como eu?

Ele fica envergonhado e continua sorrindo.

J. S.: É, doutora, a senhora sabe sim, prisão é lugar que os polícia prende os criminosos.

Eu: Mas aqui não é lugar de criminoso, e sim de pessoas doentes, que precisam de tratamento. Por que você se sente numa prisão?

J. S.: Doutora, eu vou dizer uma coisa à senhora, eu não sou doente não, nem criminoso. Eu posso até precisar de tratamento, de ajuda, como a senhora aí mesmo falou, mas, de criminoso, eu não suporto ser acusado.

Eu: E quem é que te acusa?

Silêncio, ele ameaça chorar. Eu espero e ele continua.

J. S.:	Eu nem sei se adianta falar nada aqui para a senhora. Aqui quanto mais a gente fala mais o povo pensa que a gente é doido.
Eu:	Você não fala com medo de ser julgado doido?
J. S.:	Com medo não, tô cansado, com raiva.
Eu:	Sim, qual é o problema?
J. S.:	(Ele chora.) Não pense que eu sou doido não, doutora, eu choro é de raiva.

Levanta e se dirige para a porta. Antes de sair, enxuga as lágrimas, toma a postura que perdeu quando se emocionou, olha para mim e diz:

J. S.:	Obrigado por ter me chamado.
Eu:	J. S., a partir de hoje, todas as vezes que você quiser falar comigo, me procure nesta sala. Tá bom assim?
J. S.:	Tá, sim senhora.

No dia seguinte J. S. me procura, e eu o atendo. Ele me diz que veio ali não sabe me dizer por que, mas achou que eu tinha uma "boa índole" e que ele sente falta de gente assim. Perguntei se ele já tinha conhecido gente assim. Ele fala de sua mãe, antes de casar-se com o seu padrasto.

Eu:	Padrasto?
J. S.:	É, esse homem que fez minha mãe perder o juízo e botar ele dentro de nossa casa. Eu tenho certeza de que foi ele que matou meu pai.
Eu:	Como é que foi essa história, J. S.?

Ele começa a chorar, mas se controla.

J. S.:	Doutora, por favor, me deixe sair daqui, eu não sou louco, eu não quis matar ninguém. Doutora, como é que eu vou fazer para sair dessa droga dessa prisão? Pelo amor de Deus, me ajude.

Eu: Como é que você entrou aqui, como é que você veio parar aqui?

J. S.: A senhora me ajuda a sair?

Eu: Responda o que eu te perguntei.

J. S.: Foi o filho da puta que me amarrou com os amigos dele, os vizinhos que bebe tudo lá com ele, me trouxeram para cá, dizendo aos médicos que eu era doido.

Eu: Doido?

J. S.: É, doido! (chora, com muita raiva, como quem revive na lembrança esse momento).

Eu: Por que doido, J. S.?

J. S.: Doido.

Eu: O que você fez para as pessoas acreditarem que você era doido?

J. S.: O pior foi isso mesmo, que as pessoas daqui, um bando de gente burra, acreditaram que eu era doido sem eu ser (silêncio). A senhora acha que eu sou doido, acha?

Eu: Não sei o que você está chamando de doido.

Ele fica irritado e me diz:

J. S.: Doido, doido, doido, como esse povo daqui que grita, fala besteira, não sabe o que fala, louco, esse povo todo que está aqui dentro. Isso é doido, gente que vê bicho, gente que conversa com a gente pensando que a gente é outra pessoa, gente que fala que é Deus, até gente que fala que é Sarney eu já encontrei aqui. Isso não é doidice, não?

Nessa hora eu confirmei a minha hipótese de que algo de errado havia não só no diagnóstico de esquizofrenia, mas também na história que a médica havia me passado. J. S. me contava ali que alucinar e delirar era coisa de doido, e não dele. Outros reais psicóticos descreviam as suas alucinações e os seus delírios como a mais pura expressão da realidade. Continuei.

Eu:	J., você está me dizendo que não é doido, você me disse que tem gente burra aqui porque acreditou que você fosse e te prendeu. Quem é esse que você chamou de filho da puta, que te trouxe para cá?
J. S.:	É o atual marido da minha mãe.
Eu:	Não é seu pai?
J. S.:	Não, doutora, eu juro para a senhora, ele vem aqui dizendo que é meu pai e eu digo que ele não é, só que as pessoas acreditam mais nele do que em mim, por isso, porque pensam que eu tô doido.
Eu:	Sim, e o que aconteceu para ele te trazer aqui?
J. S.:	Ah, foi umas confusões lá em casa.

Permanece em silêncio.

Eu:	Continue J.
J. S.:	Doutora, quando eu sair daqui, eu ainda quero ser um homem de bem, mas eu vou me vingar. Eu acho que eu sou capaz de matar ele, para ele aprender "com quantos paus se faz uma canoa".

Interrompi o atendimento, percebendo que J. S. tinha algo para me dizer, mas resistia a esse dito. Peço a ele que volte no dia seguinte. Ele levanta, ainda perdido em seus pensamentos de vingança, e me pergunta se eu acredito nele. Eu disse que acreditava muito na vontade que ele tinha de sair dali, começava a acreditar que ele não era mesmo doido, porque me parecia saber o que estava dizendo, mas que também uma questão me intrigava:

Eu:	Se você não é doido, o que você está fazendo aqui por tanto tempo? Por que diabos você veio parar aqui?
J. S.:	Doutora, a senhora não me entendeu ainda?
Eu:	Não, porque você não soube explicar, você não foi claro, você me fala pela metade. Eu não posso adivinhar o que você está me escondendo.

J. S.:   Mas a senhora... (chora).

Eu digo para ele que amanhã continuamos.
Na sessão seguinte, ele me diz, muito abatido:

J. S.:   Doutora, pelo amor de Deus, não me abandone. A senhora é a única pessoa aqui dentro que soube me escutar, que se interessou por mim, e eu não posso deixar a senhora me abandonar. Eu sei que eu sou um pouco chato, meio revoltado, a senhora não tem nada com isso, mas... Doutora, pelo amor de Deus, me ajude.

Eu: E você acha que eu estou fazendo o que quando te faço falar?

J. S.:   Mas é que... Aí, droga, como é difícil!

Permaneci um bom tempo em silêncio, e ele também. Assim se encerrou a sessão.
Na próxima, J. S. resolve me contar que se sente melhor, com mais paz, e acha que até sonhou comigo essa noite. Peço-lhe que conte-me o seu sonho.

J. S.:   A Senhora arrancava com a faca a dor que sinto dentro do peito, e eu me sentia livre, eu ia andando por aí, todo de branco, eu acho que eu era médico, e eu ajudava as pessoas doentes, mas eu não dava só remédio, eu pedia que elas falassem, e dizia que não ia dar nota, não ia julgar, não ia condenar ninguém, só ia ouvir e pronto, não ia achar nada. E se fosse preciso eu ia perdoar.

Chamou-me a atenção o significante *faca* e pensei na história contada pela médica, história que por alguma razão J. S. não conseguia contar. De qualquer forma, a faca, para ele, servia para arrancar o que lhe machucava. Quanto ao ser médico, era claro; precisava de uma certeza de que não iria ser julgado por mim para que pudesse continuar falando. Quem podia perdoá-lo? E por que precisaria J. S. de perdão? Por que precisaria J. S. perdoar se ele havia me falado de vingança?

Mas eu estava colocada em algum lugar que o impedia de falar, que o deixava envergonhado e com angústia. Era preciso intervir para abrir o seu discurso. Ele já havia me perguntado se eu acreditava nele, talvez para poder perdoá-lo. Mas se eu o perdoo, ao mesmo tempo eu o julgo culpado, e isso ele não suportaria, assim como já havia me dito que não suportava ser acusado.

Na transferência, J. S., a partir desse relato de sonho, me coloca no lugar não só de alguém que pode livrá-lo da prisão, mas alguém que por escutá-lo pode fazer livrar-se da "dor no peito", da angústia. Colocada nessa posição de salvadora, porém uma juíza em potencial, ele me impunha o silêncio, alguém que "só ia ouvir e pronto". Restava saber a que estava articulada essa necessidade de perdão.

Depois de um pequeno espaço de tempo em silêncio, pedi que ele me falasse, me falasse sem se preocupar com a própria censura, pois ele estava censurando sua própria fala, e não eu.

Ele me diz, envergonhado, que havia sido currado por dois rapazes das redondezas e que não queria que ninguém soubesse disso porque tinha vergonha, aquilo não era coisa de macho. Desde aquele dia que havia sido atacado por esses dois rapazes, achava que sua vida tinha mudado muito. Até então ele era um rapaz trabalhador, trabalhava de dia como *office-boy* de uma firma e à noite como entregador de pizza. Não gostava muito do estudo, mas estava convencido de que deveria voltar a estudar porque, como seu pai (morto) dizia, era preciso ser alguém na vida, era preciso ser um homem de bem, ter uma família, nunca usar droga, não roubar, não matar.

J. S. tentou esquecer do que aconteceu, mas não conseguiu, pois aquilo voltava à sua mente dia e noite. Já não dormia, com medo de sonhar com o acontecido. De dia vivia irritado, tinha vontade de sumir e nunca mais conseguiu se relacionar com mulheres, com medo de que elas viessem a descobrir que havia tido uma relação homossexual.

Perguntei a ele quem mais sabia dessa história. Ele me disse que só eu e o padrasto dele.

J. S.: Eu vivia me escondendo das pessoas do bairro. Eu nunca mais fui o mesmo. Ao mesmo tempo que eu tinha raiva dos

	caras, eu também tinha medo. Na verdade eu tinha vontade de matá-los, mas eu lembrava do meu pai.
Eu:	Do seu pai?
J.S.:	É, doutora, meu pai nunca matou uma mosca e ensinou para a gente nunca fazer o mal para ninguém. Eu aguentei muito; por causa da minha mãe, eu não fui-me embora dali. Eu tenho uma irmã menor, e eu cuidava para que ninguém fizesse mal a ela que nem tinham feito comigo, sabe? Meu pai tinha morrido, eu tinha dezoito anos quanto ele morreu. Senti tanta falta do meu velho... (chora... e continua a falar, sem olhar no meu rosto, vira a cadeira para o lado esquerdo, ficando praticamente de costas para mim). Ele foi assassinado, vinha à noite voltando do trabalho e não sei o que lhe aconteceu na subida do morro, acho que alguém tentou atacá-lo, ou roubar, não sei de nada, sei que quando eu ia voltando para casa, com minha irmã que voltava do colégio, a gente encontrou ele morto.
Eu:	E aí?
J. S.:	O que aconteceu comigo foi perto do mesmo lugar.
Eu:	Isso aconteceu há pouco tempo, quantos anos você tem?
J. S.:	Eu tenho vinte.
Eu:	J., e sua mãe?
J. S.:	Eu não entendo, doutora, como é que ela me deixa ficar aqui, como é que ela nunca veio nem um dia me visitar. Eu só posso achar que ela é tão desgraçada quanto aquele lá que vive com ela. (Chora muito.) Ou então ela descobriu alguma coisa e não quis mais saber de mim, não me perdoou e mandou me prender aqui.

Agora estava claro que eu, impedida de falar e tendo que lhe dar o perdão, estava colocada, a princípio, no lugar de sua mãe.

Eu: Do que ela teria que te perdoar?

J. S.: Do que aconteceu, doutora, eu não tive culpa. Eles me pegaram sem eu esperar, não deu tempo de escapar, quando eu vi já tinha acontecido. Eu fiquei caído, perdi os sentidos, e eles saíram correndo... Aí, eu não gosto nem de lembrar.

Eu: Se você não teve culpa nesse acontecido do que ela teria de te perdoar?

J. S.: Às vezes eu procurava eles de novo, mas, eu juro, era para me vingar, só que aí eu me lembrava do meu pai, e não tinha coragem, mas eles nunca mais vieram atrás de mim.

(O material que vem descrito a seguir foi todo colhido ao longo das próximas oito sessões que antecederam a alta de J. S. da enfermaria do hospital.)

Ficou claro para mim que J. S. precisava desculpar-se pelo gozo que teve nessa relação, gozo insuportável do ponto de vista da censura consciente, já que para mim estava mais do que evidente que se tratava de um neurótico, e não de um esquizofrênico, conforme havia estabelecido a equipe médica que o assistia (no entanto, sem enxergá-lo).

Faltava saber agora o que tinha a ver a história que a médica me contara com a história que o pai contara (que àquelas alturas eu já sabia que não era pai, e sim padrasto) e a verdade de J. S.

Enquanto isso a equipe não mais se queixava da agressividade de J. S., pois ele andava bastante calmo e pensativo. Desta forma, não incomodava a mais ninguém. A médica que havia sido agredida passou uns dias sem aparecer no hospital, mas, quando voltou, pouco se interessou pelo caso de J. S., embora visse todos os dias no seu prontuário que ele estava sendo acompanhado pela psicóloga diariamente.

O que J. S. continuou me contando é que seu padrasto era amigo de seu pai, pois vivia em sua casa, chegou muitas vezes a emprestar dinheiro nas épocas de maior dificuldade financeira, mas o seu pai sempre devolveu o dinheiro. J. S. se lembrava de ter visto o atual padrasto seduzindo e beijando sua mãe na ausência do pai e não sabia o que fazer diante daquela situação. Inconformado, chegou ao atual padrasto dizendo que já sabia de tudo e inventou que tinha contado tudo para o seu próprio pai, e a resposta dele foi de que também contaria para o seu pai que ele andava transando com homens. Apavorado, J. S. desmente, mas o homem parece não acreditar que ele havia mentido, e discutem bravamente. J. S. não sabia, até então, como que ele havia sabido do seu segredo, mas é fato que na noite seguinte a essa discussão o pai de J. S. foi assassinado.

Em seguida, a mãe dele casou-se com o atual marido, e isso virou um tormento para J. S., que a partir de então nunca mais teve paz. Passou a ter comportamentos esquisitos no trabalho, tinha noites que não dormia e até mesmo chegava a ficar sem comer por alguns dias, deprimido. Sob ameaça constante do padrasto de contar à sua mãe o seu "segredo", era dominado por este último, que bebia demais e nos últimos tempos chegava em casa agressivo, batia na mãe de J. S., e ele se via impedido de fazer qualquer coisa. Uma certa ocasião assistiu o padrasto seduzir a sua irmã, na ausência da mãe. A irmã, dominada pelo homem com uma faca, teve de ceder o seu corpo para uma relação sexual forçada, pois do contrário isso lhe custaria a vida.

J. S. não suportava mais o seu próprio silêncio ou a sua covardia, como ele mesmo dizia, até que foi molestado pelo "tarado", pois este último o ameaçara com a faca dizendo que já que ele já tinha tido relação anal com gente desconhecida, agora ele iria gostar de fazer amor com o "papai" (sic).

Foi quando J. S. venceu o seu silêncio, não mais suportando conter a sua angústia. J. S. avançou no padrasto, conseguiu pegar a mesma faca e partiu para matá-lo. Em pânico e desespero, saiu de si, teve uma crise violenta; o padrasto conseguiu sair para a rua e com a ajuda dos colegas do bar conseguiu conter J. S. amarrando-o e levando-o para o hospital, chegando, então, com a justificativa de que J. S. estava louco, dizendo que havia tentado matá-lo, depois de tentar ter uma relação sexual com a mãe e de ter estuprado a irmã, cinco anos mais nova.

Perguntei-lhe por que ele estava contando isso tudo para mim e por que jamais havia contado isso para a médica, por exemplo. Ele me disse que sobre o segredo ele não tinha contado para ninguém mesmo, pois era vergonhoso demais para ele. Mas que ele não tinha feito nada do que o "tarado" havia contado, isso ele já tinha dito, mas as pessoas não acreditavam nele, justamente porque achavam que ele estava inventando histórias, como inventam Roque e Josué (dois pacientes que estavam lá internados). Até que ele tentou falar com a médica, pediu a ela que acreditasse nele, pediu desculpas por ter sido agressivo com todo mundo, mas que precisava que ela acreditasse nele. Contou que não era filho daquele homem e que não tinha feito nada do que ele falou. No entanto, ela disse apenas que aumentaria um pouco a dose de remédio porque ele ainda estava muito perturbado com tudo o que aconteceu, mas que ele iria se recuperar desses impulsos imorais que dominavam o seu comportamento e que aí ele poderia pensar em sair do hospital, pelo menos por um fim de semana, se o "pai" resolvesse concordar com isso. Desesperado por ver que a médica também "caíra na conversa" do padrasto e que além disso não estava disposta a dar crédito a sua palavra, fez com ela o que não pôde fazer com mais ninguém. Partiu para a agressão física e mesmo assim continuou não sendo escutado.

Que o discurso médico está aí para descartar a subjetividade do sujeito, aqui isso também fica evidente. Que o dispositivo analítico é constituído de tal forma para fazer aparecer algo da verdade do sujeito, aqui isso também fica evidente. A questão agora é saber o que fazer com isso, estando no contexto da instituição.

Em primeiro lugar, sob supervisão, atenta à relação transferencial, procurei entender, com os elementos ali presentes, se J. S. dizia a verdade. Poderia se tratar de um psicopata inventando essa história fantástica. Mas por que J. S. não atuava como psicopata na "prisão"? Seus comportamentos agressivos eram muito mais os de quem atua por não conseguir falar. A partir do momento que lhe é oferecido um espaço para falar, ele não mais agride ninguém, embora sua raiva e sua revolta sejam mais do que evidentes. No entanto, ele guarda para si e traz somente para a sessão, onde tem oportunidade de falar sem ser julgado.

Se era verdade ou mentira o que J. S. falava, era algo sobre si que ele trazia, a demanda que me fazia era no sentido de não condená-lo. O que precisava ser feita (e foi o que se constituiu como material de trabalho por um bom tempo) era a retificação subjetiva. J. S. me contava uma história desgraçada, ele fora vítima de situações terríveis e, no entanto, não conseguia se dar conta de que ele tinha grande facilidade para se meter em situações tão desgraçadas quanto estar preso há quase seis meses num hospital psiquiátrico, tomado por louco, sem ser. Era preciso que ele pudesse falar da participação que ele próprio tinha na desgraça da qual estava me contando. Que ganho J. S. tinha, que gozo era o dele de estar ali preso, longe de tudo o que fazia e de todas as pessoas de quem ele gostava? No começo, ele me dizia que a culpa não era dele, e sim das pessoas que nele não acreditavam. Eu poderia ter feito uma intervenção no sentido de me colocar na posição de advogada de defesa do pobre J. S., mas essa, ainda que fosse uma intervenção válida e talvez necessária, não era a intervenção analítica no sentido que é a intervenção que visa tratar do sujeito do Inconsciente. Trabalhei no sentido de mostrar-lhe que ele tinha alguma participação no fato de as pessoas não acreditarem nele e que estar internado, por pior que fosse, ainda lhe era uma opção suportável.

De que adiantava "soltá-lo" do hospital se ele fazia de tudo para continuar preso? J. S. me diz que de certa forma eu tinha razão. Às vezes ele pensava que era melhor ficar ali preso do que voltar para casa. A essas alturas a sua fantasia era de que todo mundo acreditava na história que o padrasto havia inventado, e o seu grande pavor era que ele tivesse contado a todo mundo o seu "segredo". J. S. acha que não teria como enfrentar as pessoas se elas soubessem que ele havia sido violentado.

Perguntei-lhe por que agora esse movimento de querer sair do hospital, já que ele se poupara de alguns desagrados estando longe do seu meio. Ele me diz que já se culpou o suficiente. Pergunto de que ele se culpa. Ele me diz que por pior que fosse o que aconteceu com ele, foi a única vez que ele conseguiu ter um orgasmo na vida e que se o seu pai estivesse vivo e soubesse disso mandaria prendê-lo, talvez num hospital para loucos. Mas agora já se passara tanto tempo, e ele acha que poderia se livrar dessa penitência, queria viver longe de casa, nunca mais voltaria ao lugar que morava, pois achava também que sua mãe não vinha visitá-lo porque soubera do ocorrido.

Mostro para ele que as pessoas podem até ter sabido do ocorrido, mas ninguém tem como saber que o ocorrido lhe foi prazeroso. Que na verdade quem lhe censura é ele próprio e que provavelmente as pessoas que souberam disso não teriam como censurá-lo pelo que ele se censura. Dar-se conta disso parece que foi decisivo na vida de J. S.

As sessões foram acontecendo, e eu intervia no sentido de fazê-lo conquistar (porque a essas alturas era mesmo uma conquista) a sua alta. Mas era difícil, porque ali a ordem médica estava estruturada de tal forma a não escutar o sujeito doente. Este era escutado apenas para ser classificado dentro de um ou outro código de doença. J. S. não teria como vencer o sistema, ainda que esse passasse a ser o seu desejo, sair do hospital, pois no começo não era essa a sua real demanda.

Sabendo então da sua dificuldade angustiante de se fazer escutado, J. S. passa a me contar das suas fantasias de fuga do hospital. E isso era um dado importante, porque eu cheguei a pensar no início dos atendimentos se estar ali era tão ruim para ele, por que ele não fazia, como inúmeros outros pacientes, as fantasias de fuga? Mas agora isso era constante, e o que ele pedia, dessa vez, era o meu aval. Transferencialmente, esse rapaz não mais me coloca na posição de quem vai julgá-lo (como a mãe). Agora eu era alguém que ocupava um lugar de quem acreditava nele, e talvez por isso ele tenha passado a acreditar em si próprio também.

Marquei para ele que fuga era o que ele vinha fazendo até então e que fugir do hospital talvez fosse algo que o marcasse para sempre como um fugitivo e que talvez ele jamais se perdoasse por isso. Isso seria mais um segredo. Encalacrado, J. S. se pergunta, na minha frente, o que fazer para tocar em frente a sua vida.

Era hora de intervir não só com o paciente hospitalizado, mas com a própria equipe da instituição. Em uma das reuniões multiprofissionais que aconteciam semanalmente, eu pedi que fosse colocado em pauta o caso de J. S., ao que me foi dito que J. S., depois do atendimento psicológico, estava ótimo, nunca mais tinha agredido ninguém, e que portanto tinham casos que eram mais urgentes. Fui insistente e consegui colocar em pauta o caso do paciente. Apavorados com o que eu apresentei em reunião (que se resumiu ao engodo no qual J. S. e a equipe tinham caído), o pessoal da equipe se desorganiza e por um momento chega a pensar que a louca sou eu, pois eu denunciava ali que a ordem médica havia sido, sem se dar conta, seduzida e enganada por um provável psicopata.

Em clima de muito incômodo, o chefe da equipe resolvera dar importância ao que eu havia acabado de denunciar e pediu que eu entrasse em contato com o pai-padrasto, pois teríamos uma reunião com ele. O clima era policialesco. Pedi que me "poupassem" dessa parte, pois era mais conveniente que um familiar fosse solicitado a vir à instituição pela assistente social. Ela entrou em contato com o endereço que estava na ficha do paciente, e, neste endereço, uma mulher, que não era mãe de J. S., disse que o homem havia viajado e que não tinha data para voltar; sobre o garoto que estava internado, ela disse que ninguém se interessava em saber do paradeiro dele e que, portanto, fizessem com ele o que o hospital achasse melhor.

Questionado pela assistente social sobre o endereço de sua mãe, J. S. dá um endereço diferente do que havia na sua ficha, e o serviço social da instituição vai ao encontro da mãe de J. S. que fica absolutamente surpreendida quando soube que o filho estava internado num hospital psiquiátrico. Chorando e muito emocionada, a mãe de J. S. chega ao hospital e nos diz que não sabia nem se o filho estava vivo, pois havia recebido um bilhete dele (e que não era dele, na verdade) dizendo que não suportava mais viver com ela, a irmã e o padrasto e que por isso tinha ido embora e não sabia quando iria aparecer em casa de novo. Quanto ao atual marido, conta que ela estava muito decepcionada, pois descobrira que ele sempre teve uma outra mulher e que não sabia que ele mexia com tráfico de drogas. Ficou sabendo disso quando ele foi preso em flagrante perto de casa, sendo que foi exatamente sob o choque da prisão do marido que ela entendeu porque a filha de quinze anos estava muito nervosa, pois era abusada pelo homem, dentro de sua própria casa. Ela pede angustiada para ver o filho, e eu peço para a enfermeira que a acompanhe até a enfermaria.

A equipe resolve dar alta para J. S., que no momento de sua saída vai ao meu encontro e pergunta como é que fazemos para continuar as sessões, porque ele achava que agora que ele parara de fugir, agora que ele tinha de enfrentar o futuro, apesar do peso do passado, agora ele precisaria muito continuar sua terapia, pois foi ali, comigo, que ele descobriu que não é exatamente o que pensava que era.

Pedi para ele que voltasse na próxima semana, e eu continuaria atendendo-o no ambulatório do mesmo hospital. J. S. ficou em análise mais um ano e meio.

Esse foi um caso em que eu me dei conta de que o discurso analítico pode operar com muito mais eficiência num contexto hospitalar do que aquilo que se imagina. Mas o que eu acho que é de fundamental importância é que cuidemos da nossa posição para não fazermos dela um meio para defender os injustiçados, uma forma de assistência social ingênua, em que o desejo do sujeito é tomado sem ser interpretado. É preciso que não nos deixemos ser levados por um discurso humanista que impede, muitas vezes, a emergência da verdade do sujeito, em busca de um bem-estar que está muito mais na ordem da ilusão do que da verdade de cada um.

4.2. Um caso em que o diagnóstico do analista difere nitidamente do diagnóstico do médico: psicose X *nada*.

O. M. é um paciente que atendo no ambulatório da Unidade de Fígado do Hospital das Clínicas da Faculdade de Medicina da USP. Ele me foi encaminhado pelo seu médico clínico porque se apresentava muito nervoso, e esse nervosismo havia chegado ao ponto de ele ter de interromper suas atividades de trabalho, seu único meio de sustento. O seu primeiro atendimento comigo foi em dezembro de 1992. Ele é um rapaz de 22 anos, que se apresentou a mim absolutamente desesperado porque precisava encontrar "uma cura para o sistema nervoso, porque o médico me disse que isso é do sistema nervoso e que eu vindo aqui com a senhora eu vou me curar" *(sic)*. A sua história é, resumidamente, a seguinte: ele é separado da mulher, tem um filho e diz que sofreu demais com essa separação porque a mulher não gostava dele desde que se casaram. Sentiu-se traído em seus sentimentos. Ela casou grávida. Não era uma mulher dedicada. Não cuidava bem da casa, vivia indo para a casa de seus pais e, segundo o paciente, inventou histórias falsas a seu respeito como desculpa para voltar para a casa dos pais com o filho, e que por vezes ele teve de recorrer à polícia para vê-lo. Isso já aconteceu há alguns anos. Hoje ele está noivo, se diz feliz com a noiva, mas o seu problema é o "nervoso" que o faz ser agressivo, embora depois ele se arrependa muito. Sua família de origem: é quarto filho de uma sequência de seis. Diz ter sofrido demais pelo fato de ser, entre todos, o único filho rejeitado explicitamente pelo pai, que dizia que ele não era seu filho. O pai duvidava de sua paternidade, diz ele, porque, quando a mãe estava grávida dele, o pai havia ido passar um tempo trabalhando fora e ainda não sabia da gravidez da mãe. A mãe sempre disse que ele era filho do seu pai, que ele não duvidasse disso. O paciente chegou, por vezes, a sair de casa, ir morar na casa de parentes, porque era muito maltratado pelo pai.

Aos dezessete anos resolveu acabar com essa história e pediu ao pai que o reconhecesse como filho. Diz ele que o pai estava começando a tratá-lo bem melhor, ainda que não tivessem chegado a ser dois amigos, quando foi assassinado, na frente de toda a família, por um sócio de trabalho. O. M. assistiu à morte do pai, tentou matar o assassino, mas não conseguiu. Um tio, que ele julga cúmplice do assassino, segurou o revólver em sua mão, enquanto o assassino fugia.

Logo depois disso O. M. adoeceu. Foi internado em nossa enfermaria com um quadro grave de hepatite. Esteve em coma por vinte e poucos dias. Os médicos, segundo ele, diziam que a sua patologia era incurável; no entanto, ele ficou bom. Não tem absolutamente nada, a não ser o "nervoso". A partir do que ele considera um "milagre de Deus" – porque atribui a sua cura a Deus, porque "Deus fez com que os bichos que me deixavam doente se comessem uns aos outros para que a doença acabasse, porque os médicos já não podiam fazer mais nada por mim" (sic) – passa a fazer parte da religião evangélica. O. M. participa de cultos na igreja e prega sua religião para todo mundo, inclusive para mim. A sua religião proíbe o ato sexual antes do casamento, e sua atual noiva é sua irmã de igreja. A sua ex-esposa não era e não acreditava nessa religião, o que o deixava muito magoado. E tudo o que acontece de ruim – ele me explica detalhadamente a fim que eu entenda bem as suas ideias – é por culpa "daquele lá" (sic) e diz muito baixinho a palavra "Lucifer", alegando que não é bom tocar no nome dele. Explica que eu posso ajudá-lo na medida em que Deus colocou os médicos no mundo para ajudá-lo a ajudar as pessoas. "Deus toma providências, como foi no meu caso, quando não tem mais cura, mas o sistema nervoso tem cura, e é por isso que eu estou vindo aqui com a senhora." *(sic)*

O que é urgente para ele é voltar a trabalhar. No entanto, o que o irrita demais no trabalho é ouvir barulhos na rua. Ele trabalha numa marcenaria, que, diga-se de passagem, é do pai de sua noiva, e o lugar é muito barulhento, os ruídos o incomodam. Outra coisa que o deixa muito nervoso é receber ordens. Não gosta porque sabe muito bem o que ele tem de fazer e não suporta ser "mandado pelos outros".

O. M., por não saber mais o que fazer com o seu "nervoso", resolveu procurar ajuda dos médicos da Unidade de Fígado, porque já havia passado por vários postos de saúde, e *os médicos diziam que ele não tinha nada*. Foi mandado à Psiquiatria, e parece que lá precisaria esperar muito para ser atendido. Aí procurou um médico da nossa Unidade, que, para grande decepção do paciente, o mandou embora dizendo que *ele não tinha nada*. Em desespero, no corredor, ele pediu socorro a outro médico, que o escutou e explicou que ele deveria ser atendido por mim. Ele aceitou e me procurou imediatamente.

O. M. me fala dos seus ideais, de sua religião, de sua família. O seu discurso com relação à religião é, sempre, no sentido de me ensiná-la, fazer com que eu aceite e compartilhe com ele de suas ideias. Chegou a me convidar algumas vezes para ir à sua igreja, para que eu finalmente pudesse escutar também e entender a palavra de Deus.

Este é um paciente cujo tratamento se encontra na fase inicial, nas entrevistas preliminares, em que tento, a cada sessão, fazer um diagnóstico diferencial entre neurose e psicose. Por enquanto, tendo a pensar na segunda como uma hipótese mais provável. Transferencialmente, ele me coloca no lugar de enviada de Deus, aquela que, em nome de Deus, está ali para promover a cura de seu mal, que por muitas vezes ele chega a pensar que é por influência "daquele lá". Quando falta à sessão me diz que acha que a falta na terapia se deu porque "aquele lá" não gosta que a gente venha buscar o bem, e "aquele lá" sabe que vir ao meu encontro é para o bem dele. No entanto, ele tem as suas próprias teorias, o saber sobre ele mesmo é absolutamente inquestionável, e todas as vezes que eu tentei apontar algumas incoerências, contradições em seu discurso, isso jamais constituiu questão para ele pensar. Tem sempre uma resposta imediata para me dar e acha que se eu não estiver entendendo o que ele fala é porque eu não frequento *diretamente* a sua igreja. Para que as incoerências desapareçam, e eu possa compartilhar do seu pensamento, ele me convida para ir lá, e enquanto eu não aceito o seu convite, ele vai me explicando o que é a palavra de Deus, na medida em que Deus "faz com que a palavra dele seja passada através de mim" *(sic)*. Se eu não entender o que ele fala, é porque Deus não está dando o dom naquela hora.

É evidente que Deus tem também a função de fazer O. M. certificar-se que é filho de um Pai, e a igreja não deixa de ser o lugar onde ele se sente tão irmão quanto os outros. Lá ele não é um filho rejeitado; pelo contrário, é um filho, justamente, protegido.

A minha preocupação com o diagnóstico tem sido constante. O estabelecimento do diagnóstico diferencial, diz Freud, se dá no início do tratamento e basicamente é feito a partir do discurso do paciente em sua relação com o analista. Sob o ponto de vista da demanda do paciente, esta é explícita, ele quer se curar do seu "nervoso", e este é proveniente do barulho e das ordens que lhe são dadas pelos outros. Penso no que Lacan diz a respeito da transferência de saber do psicótico, que ela é no sentido de pedir ao analista socorro porque ele saberia fazer calar as vozes que o atormentam. Enfim, neste caso, estamos nessa fase, entrevistas preliminares e esclarecimento diagnóstico. Enquanto isso, o paciente vem, fala e, curiosamente, diz que está melhorando.

Sobre o encaminhamento do médico ao analista: os médicos nos encaminham pacientes quando constatam que por eles não podem fazer mais nada, mas que alguém, eles supõem, pode. Foi assim que se deu esse encaminhamento, sem dúvida alguma adequado e inteligente, porque sabemos que um médico, com seu discurso, nada tem a fazer com as desordens da subjetividade humana. O que há de impressionante e é preciso ressaltar é a peregrinação que esse sujeito fez, de um médico para outro, e ao colocar-lhes a par de uma patologia grave, cuja única palavra que ele encontrou para denominá-la foi "nervoso", não foi escutado por nenhum deles, que ao responderem *"você não tem nada"*, enquanto falava da inexistência dos seus sintomas no discurso médico, apontavam para a inexistência do consultante enquanto sujeito. E foi porque ele não se conformou com a palavra do médico (ainda que este seja um enviado de Deus), que marcava para ele a sua inexistência, que ele prosseguiu na esperança de se fazer escutado. É muito provável que, por saber que tem onde ser escutado, ele diga que está melhorando.

4.3. Quando a demanda do paciente é de que o preservem em sua enfermidade: um caso "mal-entendido"

C. A. D. é um paciente que atendo no ambulatório da Unidade de Fígado. Portador de uma esteatose hepática de provável etiologia alcoólica, é acompanhado pelo médico clínico. Antes do caso chegar às minhas mãos, o médico havia me procurado para falar do paciente. Disse que o doente tem uma esteatose simples e que se ele se cuidar, se alimentar adequadamente e não beber álcool, ele tem todas as chances de ficar bom, e o seu quadro não evoluir para uma cirrose. No entanto, por mais que o médico fale, explique repetidas vezes, o doente parece não acreditar no que lhe é dito, achando sempre que está sendo enganado e que tem uma doença terminal. O médico diz que é um "paciente chato", e ele não sabe mais o que fazer, porque, objetivamente, não dá para entender essa situação.

Quando C. A. D. veio à primeira consulta comigo estava bastante apreensivo e emotivo. Desde então me conta que está muito deprimido pelo fato de estar doente, fala de sua doença como uma doença terminal e praticamente não pede nada, a não ser que o autentique como doente terminal, pois é assim que ele se vê. Peço-lhe que me conte a sua história, que, resumidamente, é a seguinte: Tem 47 anos de idade, é advogado, trabalha em seu escritório. É casado há 22 anos e tem uma filha de dezesseis. Não vive bem com a mulher, mas também não consegue se ver separado dela, principalmente agora que está "gravemente doente" (sic). Tem muito medo de ficar sozinho, sem ter quem cuide dele. Mas na verdade a sua mulher não se interessa muito pela sua doença, acha que ele está muito chato e só fala da doença. Ele acha isso muito ruim, mas, apesar de tudo, sabe que ela o suporta. Com a filha se dá muito bem, embora não mantenha uma relação aberta e de diálogo. Ela é obesa e ele se preocupa com isso, tem medo da responsabilidade que possa ter nas causas emocionais da obesidade da filha.

Desde o quarto ano de casamento C. A. D. tem amantes com quem mantém relações que duram quatro a cinco anos, até que conhece uma nova pessoa e começa a se relacionar de novo. Diz que nunca se deu bem sexualmente com a esposa, que casou virgem.

Conta que sua vida se transformou há seis anos, quando uma separação com a mulher culminou com uma briga séria entre ele e sua família. Tudo começou quando desconfiou que sua mulher estava de caso com outro homem e, magoado, comentou isso com a sua amante, com quem estava se relacionando na época. Sua amante resolveu, sem que ele soubesse, seguir a sua esposa e a encontrou, de fato, com outro homem num bar. Ligou para C. A. D. e o avisou sobre o que estava vendo. Ele então me conta que "não tive jeito de dizer que não ia ver, embora eu preferisse não ter ido. Foi horrível. Fiz um escândalo, foi uma baixaria e aí a gente se separou" (sic). Abandonou a amante, saiu de casa, e foi para a casa de seus pais. Antes disso, passou na casa do sogro e contou "para todo mundo quem era aquela mulher" (sic).

Na casa dos seus pais não contou a ninguém o que havia acontecido, mas todos ficaram sabendo porque ele contou para uma irmã "solteirona", e ela contou isso para toda a família. Ficou indignado, envergonhado com o comentário que todos faziam, não só a respeito dele, mas também sobre a conduta da mulher. Diz que outros membros da família já fizeram coisas muito piores, e ninguém nunca criticou, inclusive tem um irmão que se droga, um dos cunhados já arranjou um filho na rua, e o próprio pai nunca teve uma conduta correta com relação à mãe. Desde sempre, diz o paciente, teve amantes, e o próprio paciente chegou a sair com mulheres do trabalho do pai com as quais o pai já tinha saído. A mãe é uma alcoólatra, hoje recuperada, que apanhava do marido. São em seis filhos, ele é o quarto.

Queixa-se da preferência que o pai tem, e sempre teve, pelo irmão. Algumas vezes chegava a fantasiar que era filho adotivo. No entanto, C. A. D. era muito responsável, e o pai, que sempre esteve muito bem financeiramente, resolveu colocar o imenso apartamento onde mora no nome dele.

Na época da separação de C. A. D. tudo estava muito confuso para ele, a família dando opiniões sobre o que ele deveria fazer contra a mulher (embora ele não sentisse isso como um apoio, pelo contrário), quando a mulher afirmou que queria o apartamento onde os pais de C. A. D. moram, pois por lei ela teria direito sobre isto, já que estavam casados em regime de comunhão de bens.

C. A. D sabia que isso era uma chantagem, pois apesar de tudo sua mulher não queria a separação. Seu sogro chegou a ir cobrar dele e do seu pai dizendo que ele não tinha direito de se chatear, já que ele também tinha amante e foi isso que fez com que a mulher procurasse outro homem. No entanto, a família de C. A. D. se desespera por medo de perder os seus bens, o pai o expulsa de casa, a irmã, exaltada, diz que ele não é irmão dela e, a partir daí, nunca mais ele voltou para a casa dos pais. Voltou para a casa de sua mulher, com quem vive até hoje.

Há seis anos não vê o pai, vê a mãe esporadicamente, quando, depois de ele implorar a sua presença, ela aparece de vez em quando e depois some por muitos meses. C. A. D. acha-se um injustiçado. Desesperado com as palavras da irmã, vai ao cartório e ao hospital em que nasceu se certificar de que é filho legítimo. Oficialmente certifica-se; no entanto, continua em dúvida. Lembra, com dor, de quando o pai esteve doente, muito mal, internado na UTI com suspeita de câncer no fígado. Foi operado, e C. A. D. foi o único dos filhos que se dedicou ao pai por tempo integral. Lembra de várias situações familiares onde foi solidário e prestativo com os irmãos, e acha que não merecia ter sido rejeitado do jeito que foi, pela razão que foi.

No entanto, não se dispõe a uma reaproximação com a família partindo dele mesmo. Espera que eles se arrependam e que o procurem. Fica impressionado com o fato deles estarem sabendo, porque ele contou para a mãe, que ele está sofrendo de uma doença grave e terminal, e nunca o terem procurado.

Recorda do último dia que viu seu pai. Antes do pai colocá-lo para fora de casa, ele estava tentando convencê-lo de que o que fez não era tão absurdo assim, e para demonstrar o que estava afirmando usou tudo o que sabia e que era desfavorável à conduta do pai. Ele acha que o pai não suportou ouvir as verdades que ele disse. Conta também que, como vingança, não passou de volta o apartamento para o nome do pai. "Eles encheram meu saco, é claro que eu ia passar, mas não enquanto eles me pressionavam. Depois de quase dois anos, quando eles pararam de pedir, eu disse que ia passar, mas fizemos tudo em cartório, em horários diferentes, não cheguei a encontrá-los." (sic)

Conta também que se acha muito fraco, acha que está piorando a cada dia que passa. As pessoas dizem que ele emagreceu, e aí ele se desespera. Faz exames de rotina e acha que o médico está escondendo alguma coisa dele, nem que seja uma hipótese. Não acha que a quantidade de álcool que ingeria era suficiente para causar "tamanho estrago do fígado" (sic). Então acha que deve ser alguma outra coisa, muito provavelmente um câncer.

Sobre o encaminhamento feito ao analista: de novo, é quando "objetivamente, não dá para entender a situação". Pacientes ditos "chatos" são aqueles que – o médico não entende como – não acreditam no discurso médico. E o destino dos que não acreditam no discurso médico é, na melhor das hipóteses, o consultório do psicanalista, pois ele é encaminhado com a condição de desajustado (ao discurso médico). Teoricamente, o psicanalista teria de devolvê-lo a capacidade de raciocinar segundo o discurso médico, e não segundo as suas fantasias "sem cabimento". Isso é até possível que aconteça, como um lucro proveniente do tratamento, mas em primeiro lugar temos de ir em busca do "cabimento" dessas fantasias. Porque sabemos, uma fantasia tem cabimento em algum lugar.

Estamos diante de um neurótico grave, que vem, a princípio, pedir a mim a mesma coisa que inconscientemente pede ao médico, que o autentique enquanto doente grave e terminal, porque é enquanto tal que ele tem esperança de reconciliar-se com o pai e a família, mas principalmente com o pai, que foi sempre, pela própria história que ele conta, objeto de sua identificação. Como o pai, ele sempre teve amantes. No entanto é através de sua conduta idêntica à do pai que ele é expulso de casa, que o pai passa a tratá-lo como se ele não fosse seu filho. É nesse momento que C. A. D. perde sua identidade e vai em busca de suas origens. Mas a realidade comprovada não é suficiente para que ele desfaça a fantasia de que é filho adotivo, assim como os exames médicos não são suficientes para provar para ele que sua doença não está em fase terminal. C. A. D. se sente enganado. A questão é saber de que engano ele está falando.

Se pensarmos na situação edípica, podemos dizer que ele se enganou ao identificar-se com o seu pai. Não foi sendo como o pai que ele foi reconhecido. A partir de então ele passa a beber para suportar melhor sua situação, e, em tratando-se do filho de uma mãe alcoólatra, essa é uma das saídas possíveis: identificar-se com a mãe, ser como a mãe, porque, apesar de tudo. o pai escolhe a mãe e permanece junto a ela até hoje. C. A. D. sempre procurou a mãe, mas só a "encontrava" via sintoma (alcoolismo), já que ela não atendia aos seus chamados com a mesma frequência com que eles aconteciam.

Apesar de tudo isso, conseguiu sobreviver, de certa forma com a ajuda do álcool, longe de sua família, em eterno desacordo com sua esposa e, para suportá-la, arranjando uma nova amante. Ao mesmo tempo, vivendo sem saber exatamente quem ele era, era um pouco do pai e um pouco da mãe, sem saber disso.

Foi quando surgiu uma doença hepática que pôde aparecer essa neurose "espetacular". Em primeiro lugar, o fato de ser no fígado o faz lembrar que algumas pessoas de sua família já tiveram problemas hepáticos, inclusive e principalmente o seu pai. Assim ele se certifica que "geneticamente" faz parte dessa família. Mas por que não acredita na cura de sua doença? Por que C. A. D. teria de morrer com "alguma coisa a mais" (talvez o câncer do pai seja o que ele fantasie que vai ganhar de herança, já que foi excluído de sua família) que não fosse só a esteatose hepática causada pelo uso do álcool (o que remete à doença da mãe)? É muito provável que a fantasia da doença terminal de reaproximação com os pais, pois ele não se dispõe a fazer essa reaproximação de outra forma que não seja a sintomática, pelo sintoma.

No momento, o tratamento de C. A. D. comigo encontra-se na fase das entrevistas preliminares, em que, estando claro para mim o diagnóstico estrutural de neurose, tento promover a retificação subjetiva, pela marcação no discurso de pontos que façam com que o paciente se implique como sujeito do seu sintoma, e não vítima "injustiçada" dele. Na medida em que não aceito essa primeira demanda dele (a de que o trate como doente terminal, talvez a de que lhe dê esperanças de que um dia seus pais vão voltar para certificá-lo de que ele é filho legítimo, que não foi enganado), mostrando que suas dúvidas não são possíveis de serem solucionadas com os argumentos da realidade e que, então, elas não têm origem nela, ele começa a se questionar e dirige a questão para mim: "Por que eu penso que vou morrer disso, se eu sei que isso não é verdade?". C. A. D. começa a mudar sua posição subjetiva em relação ao seu sintoma, mas ainda não mudou a formulação de sua demanda para que se autorize o início de uma análise.

4.4. A moça do dreno: quando a *presença* do objeto deprime

B. R. é uma paciente do ambulatório da Unidade de Fígado que me foi encaminhada pelo médico que trata de sua doença hepática. Ele me solicita dizendo que é uma paciente com quem está tendo muita dificuldade para lidar, porque ela precisa usar um dreno por tempo indeterminado, e esse dreno, que já foi colocado, é absolutamente imprescindível no sentido de mantê-la viva. A paciente sabe disso, mas mesmo assim não aceita o procedimento, primeiro sendo muito agressiva com o médico e, depois que o "aceita", cai em uma grave depressão, que, segundo o médico, pode prejudicar o tratamento.

B. R. é uma moça de 35 anos, baixa e muito magra, tem um "aspecto muito doentio". É casada e tem um filho de doze anos. Mora com o marido e o filho. Na primeira entrevista B. R. não olha para mim, e o pouco que fala o faz olhando para o chão o tempo todo, num tom muito baixo. A primeira coisa que me diz é que não aceita o dreno, que qualquer coisa é melhor que o dreno, e, se for para viver com esse dreno para o resto da vida, ela prefere morrer. O médico disse a ela que ele só vai tirar o dreno quando fizer um transplante, mas que por enquanto ela está muito fraca e não aguentaria um transplante. Ela diz que não quer o transplante, que prefere morrer. Com muita dificuldade, consigo que ela me conte um pouco de sua história: é a filha mais velha e tem mais quatro irmãos. Seus pais são separados, mas diz que isso nunca foi um problema. A mãe e irmãos estão sempre apoiando-a, e o pai a visita de vez em quando. Moram todos muito perto. Insiste em me dizer que está tudo bem, que seu único problema é o dreno, que ela não consegue aceitá-lo porque ninguém o aceitaria. Acha que não foi certo o modo com que os médicos a trataram, porque eles não perguntaram para ela se ela queria isso. Disseram que iam fazer um exame e colocaram o dreno. Ela perguntava até quando ia usar aquilo, e eles não respondiam, jogavam-na de um médico para outro, dizendo que o outro é que sabia, "até que eu apertei o doutor X, na parede, porque foi ele que me colocou isso, e ele me disse que não ia tirar mais" (sic). Conta-me tudo isso chorando muito.

Ao longo das entrevistas, B. R. vai me contando a história de sua doença. Tem a Doença de Caroli há oito anos, mas nunca esteve tão mal quanto alguns meses atrás, quando ficou por algum tempo internada e teve alta já com o dreno. Sente-se traída pelos médicos, não tem mais confiança neles. Ao mesmo tempo, toda semana, pelo menos uma vez por semana, volta à Unidade para fazer acompanhamento e/ou resolver problemas decorrentes do uso do dreno, como infecções constantes (já que o dreno, sabe-se, é também uma grande fonte de infecções). O que é marcante em seu discurso é a frase: 'Eu não era assim, isso mudou a minha vida" (sic). Investigo que tipo de fantasia B. R. faz a partir do uso do dreno e de que eventuais mudanças ela poderia estar me falando que sofreu, a partir do seu uso. Ela me "confessa" que tem muito medo do marido arrumar outra mulher, pois "nenhum homem vai se interessar por uma mulher que anda carregando um frasco de vidro" (sic). Diz também que sempre teve esse medo de ser traída (seu pai trocou sua mãe por outra mulher), mas que isso nunca a atormentou tanto, porque ela fazia suas coisas, cumpria o seu trabalho em casa e agora se sente inútil. Diz também que tem muita vergonha de sair na rua, as pessoas olham para ela estranhando. Um dia uma moça sentou-se ao seu lado no ônibus e, quando viu o dreno, se levantou.

Após alguns atendimentos B. R. me diz, pela primeira vez, que as coisas estão melhorando. Que o fim de semana foi melhor, que ela recebeu a visita dos irmãos, de alguns vizinhos e amigos e não ficou com tanta vergonha. Conta que conversou com o marido e viu o quanto ele quer ajudá-la e quer que ela fique boa. "Acho que devo ser importante para ele." (sic) Diz que não consegue aceitar esse dreno, mas não tem mais raiva do doutor X, acha que ele não fez por mal, mas que isso é para seu bem. Agora tudo o que ela quer é melhorar o seu estado físico para poder suportar um transplante. "Antes eu queria morrer, mas já que o transplante é a única maneira de ficar livre disso eu prefiro fazer o transplante, mas eu preciso me ajudar a ficar boa logo." (sic) Pela primeira vez a paciente, apesar de chorar quase todo o tempo, esboça um sorriso e arrisca olhar para mim.

Sobre o encaminhamento: a dificuldade com a qual o médico se depara e a partir daí solicita o psicanalista está no fato da paciente não aceitar o procedimento médico, sendo que este é o que pode prolongar a sua vida, que, a essas alturas, sem dúvida nenhuma, está correndo um grande risco. A ordem médica admite a existência de consequências psíquicas decorrentes dos seus procedimentos e espera que a intervenção do analista seja qualquer uma que tenha como resultado a não interferência negativa dessas consequências psíquicas nos procedimentos médicos. É como se eles nos dissessem: "Façam com que o paciente aceite de bom grado as nossas ordens porque essa é a última chance que temos de curá-lo".

No entanto, se eu atendo a paciente com o intuito de convencê-la de que o dreno é uma boa saída, ou seja, com o intuito de servir à ordem médica, eu não lhe dou a possibilidade, talvez única, de fazer valer a sua verdade, o seu desejo. B. R. não escuta o consolo que as pessoas lhe dão, porque ela não quer consolo, isso não lhe falta. Se ela se deprime com a colocação do dreno, é porque tal colocação faz com que ela perca alguma coisa.

Não é exatamente a presença do dreno que a deprime, mas a perda de algo fica evidente e insuportável a partir da sua colocação. E algo que, isso é importante, está de forma expressa e evidenciada no corpo, perdido para sempre. O que a deprime não é bem a presença, mas a ausência.

Teoricamente, sabemos que esse algo perdido para sempre Lacan chama de objeto *a*. Nesse caso, poderíamos pensar que o dreno pendurado e exposto remete a paciente à sua castração. Enquanto faltante, e com isso marcado pela presença do dreno, à vista de qualquer pessoa, ela se envergonha e diz que prefere morrer. No entanto, isso não é verdade. B. R. quer viver, desde quando ela possa se suportar, como parece que fez até então, enquanto faltante apenas, sem provas explícitas.

No início ela localiza a sua dificuldade de aceitar o dreno nas outras pessoas, quando diz que ela não aceita porque ninguém aceitaria. Em momento algum digo que ela tem de aceitar porque é para o bem dela, pois assim eu estaria apenas repetindo o discurso médico, sem ter a certeza clara do que, de fato, é o bem de uma pessoa. É de um outro lugar, que não o do médico, que podemos intervir. Marco para ela que o fato de não aceitar o dreno, ainda que isso seja a reação esperada da maioria das pessoas, é uma reação dela. E digo que se se deprime com o dreno, tem raiva e vergonha dele, é também porque, com ele, ela perdeu alguma coisa. Ela parece não me escutar; no entanto, fala de quanto se sentiu traída pelos médicos e, chorando muito, diz que *perdeu* a confiança.

Provavelmente foi a "traição" que mudou a sua vida. É aí que B. R. pode falar do medo que tem de ser traída pelo marido, o que, até onde ela sabe, nunca aconteceu. No entanto, ela havia me contado nas primeiras entrevistas que o seu pai traíra sua mãe, mas que isso nunca fora problema.

Ao falar do fantasma da traição para mim, embora não faça nenhuma relação disso com sua história, e sim só com o dreno, algo acontece na relação transferencial que faz com que B. R. ressignifique as suas relações com os outros. A partir de sua conversa com o marido, onde ainda se vê como objeto do interesse dele, ela me diz que parece que vale a pena tentar lutar pela sua vida. Na medida em que B. R. consegue conversas com as pessoas sem ter tanta vergonha do dreno, parece que este, que presentificava uma falta, passa a ser, além disso, um instrumento para sua cura, embora ela não o aceite bem. (É preciso ressaltarmos o fato de que aceitar bem um dreno pode ser algo bastante patológico!)

O que é mais provável que tenha acontecido, até agora, é que B. R. pôde falar *da falta*, e basicamente da falta de confiança nela própria enquanto alguém que vale à pena. Tenho dirigido o tratamento no sentido de fazê-la "buscar" o que perdeu, para então analisar a relação que estabelece com suas faltas. (Curiosamente encontro com o médico que a encaminhou, e ele me diz que está bem melhor, embora não tenha sido exatamente o pedido dele que eu me propus, de fato, a atender.)

4.5. Um chamado em "caráter de emergência"

Atendo P. L. na enfermaria. É um paciente transplantado em setembro 1992, tem 22 anos, mora em Curitiba com o pai, que é separado da mãe, que por sua vez mora no interior do Paraná. P. L. está em São Paulo sozinho, foi ao ambulatório da Unidade de Fígado fazer os exames de controle e, como apresentava um sério quadro infeccioso, foi internado na enfermaria para que fosse melhor avaliado e se fizesse um diagnóstico da situação, a fim de que pudesse ser escolhida a terapêutica mais adequada.

P. L. é paciente de outra psicóloga do serviço, que o atendeu na enfermaria na época do seu transplante e continua o trabalho na Unidade do Fígado toda vez que ele volta também para a consulta médica. No entanto, como a psicóloga que o acompanha está de férias, fui solicitada, em caráter de emergência, para atendê-lo. Segundo os médicos que me solicitaram (era um feriado e fui chamada em casa), o paciente deveria apresentar algum problema que eles não estavam conseguindo descobrir o que era, mas que estava fazendo com que P. L. desistisse do tratamento. O paciente havia estabelecido um prazo para a equipe lhe dar alta, alegando que ele precisava ir embora para resolver uns problemas e dizia que não podia falar com eles sobre esses problemas. Ao ser informado de que se ele saísse ele estaria correndo o risco de "perder" o fígado e, consequentemente, a vida, ele respondeu aos médicos que não estava preocupado com isso, que ele estava a fim mesmo de desistir de tudo.

Depois de alguns contatos com o paciente, e já sabendo, por meio de comentários com a outra psicóloga, que ele tinha envolvimento com drogas, a situação começa a se esclarecer. O contato com P. L. não é tão difícil para mim, como tem sido para os médicos, enfermeiros e outros membros da equipe. Todos se queixam muito comigo do comportamento dele e, toda vez que lidam com ele, fazem questão de perguntar (e isso quem me conta é o próprio paciente) se ele está sendo acompanhado pela psicóloga.

Parece, porque o paciente não é muito explícito, que ele está envolvido com tráfico de drogas, e os problemas que precisa resolver dizem respeito a isso. Ele me diz que sim, já ganhou dinheiro com tráfico, tem um grupo de amigos que estão à sua espera em Curitiba e precisa ir logo. A equipe observa, curiosa, que é frequente a ida de P. L. ao telefone público do andar, mas ninguém consegue descobrir o que P. L está falando, nem com quem. Ele é agressivo com a equipe e despreza as ordens que lhe são dadas, querendo impor as suas.

A minha postura diante dele foi rigorosamente a mesma que tenho diante de qualquer outro paciente. Desde o início, quando me apresentei, pedi que me falasse sobre ele mesmo. E ele fala. Em nenhum momento é agressivo cômico ou se recusa a falar. Me contou a sua história, a sua relação com os pais, a sua caminhada solitária pelo mundo. O pai passa a maior parte do tempo trabalhando, quase nunca vê o filho e pouco se interessa por ele. P. L. já foi preso algumas vezes por causa de envolvimento com drogas, e o pai nunca tomou conhecimento. A mãe, tem muito tempo que ele não vê. Diz que também não tem um bom relacionamento com ela. Ele tem irmãos, e um deles, um ano mais novo, foi transplantado do fígado também, com a mesma doença congênita, no Instituto da Criança, alguns anos antes do transplante de P. L., e ele me conta que a mãe nunca saiu do lado do irmão. Esse irmão mora com a mãe no interior do Paraná, e ele acha que o irmão depende muito da mãe. A mãe não sabe do seu envolvimento com drogas, "eu fiz tudo direitinho, para não dar problemas" (sic).

Ao longo dos atendimentos P. L. tem mostrado a sua irritação em "ficar preso" (sic) no hospital, acha que ele caiu numa arapuca ao aceitar ser internado novamente. Sobre a necessidade do tratamento, diz que quer viver, mas precisa fazer alguma coisa e tem pressa, mesmo que perca o fígado, o que ele não quer que aconteça porque acha que ainda tem algumas coisas para fazer na vida; mas ele precisa ir e frisa para mim que o prazo é até o final de semana, porque se não lhe derem alta, ele já ameaçou a equipe de fazer como fez a semana passada o D. P. N., um outro paciente internado em nossa enfermaria que fugiu (isso foi outra razão para que me solicitassem com urgência em casa, no sábado passado).

Marco para ele que ele tem, além de todos os seus problemas secretos, uma necessidade de chamar a atenção de toda a equipe, fazendo questão de ser o paciente diferente, o paciente-problema. Pergunto no que ele é diferente das outras pessoas, onde é que isso é problema, e se essa é a única forma de chamar a atenção das pessoas. Ele fica desapontado, não sabe ao certo o que me responder. Encerro a sessão aí nesse ponto, onde P. L. não tem resposta.

Vou falar primeiro da compreensão que tenho tido do caso, para depois abordar a questão da solicitação do analista em caráter de emergência e da resposta do analista em sua relação com os outros membros da equipe multiprofissional.

P. L. é um adolescente ainda, apesar dos seus 22 anos, um garoto perdido no mundo da delinquência, onde busca o reconhecimento que, por alguma razão que ainda não está muito bem clara para mim, não encontrou em sua família. O que é evidente na conduta de P. L. é sua relação de revolta com o mundo, com a doença, com as leis, e sua tendência a transgredi-las. Não poderíamos esperar outra reação sua que não fosse a revolta e a desobediência às ordens médicas também, ainda que isso lhe custe a vida.

No entanto, apesar da tendência de transgredir leis, P. L. as aceita, muito mal, mas as aceita como quem "cai numa arapuca". É certo que se ele não se interessasse pela sua vida não teria aceitado a imposição médica de ser internado novamente, o que me leva a não acreditar totalmente na promessa de fuga, mesmo porque na medida em que dá o aviso prévio, também pede que dêem um jeito de mantê-lo ali. Isso me leva a pensar na hipótese de uma estrutura neurótica e a interpretar a sua rebeldia como um pedido de socorro.

Mas a demanda de P. L. não é escutada pelos médicos que estão se empenhando no sentido de salvar o seu fígado, e não é isso que para ele parece ser a questão vital. É porque escuto o paciente privilegiando em seu discurso o que há de subjetivo (ou seja, o que diz respeito ao sujeito em questão), que P. L. aceita falar comigo. No início, é lógico, ele se coloca diante de mim enquanto paciente-problema, cheio de assuntos secretos que desesperam os médicos, exatamente porque são secretos. P. L. deve saber o quanto provoca mal-estar na ordem médica a questão do não saber sobre alguma coisa e sem dúvida se utiliza, sintomaticamente, dos seus segredos para se colocar como foco de atenção, o que de alguma forma consegue, pelo menos ali. Ali, seu sintoma opera bem, é eficaz, embora não seja bem visto.

Em momento algum "me interesso explicitamente" pelo seu segredo. Entendo que é a curiosidade dos outros que dá ao sintoma de P. L. o *status* de segredo. Interesso-me por ele, pela sua história e não lhe pergunto sobre o seu segredo, marcando assim uma posição absolutamente diferente daquela que P. L. espera do outro: que venha se interessar pelo seu segredo, descobri-lo e então condená-lo.

É porque não lhe pergunto que ele começa a falar de sua vida, e a direção que dou ao trabalho é no sentido de fazer com que possa se deparar com o não-saber, que evidentemente o apavora, tanto quanto ele tenta apavorar os outros. A ideia é que P. L. pensa que sabe tudo, e ainda assim ele se desespera porque, sabendo de tudo, não encontra saídas. Fazê-lo saber que não sabe é fazê-lo pensar que podem existir outras saídas, é fazê-lo interessar-se mais por si próprio.

Com relação à solicitação ao analista em "caráter de emergência" (era esse o termo que o residente usou no recado que me deixou na secretária eletrônica), essa diz respeito à constatação da discrepância entre a demanda de tratamento e o desejo do paciente. É como se fosse absolutamente imprevisto e inaceitável, incompreensível para a ordem médica alguém desistir da vida. Então, o que faz com que eles abram esse espaço urgente para a atuação do psicanalista é a intromissão da subjetividade no cenário médico. Praticamente esse pedido feito para o analista, de "dar um jeito no paciente", é a demanda de que se exclua toda subjetividade do quadro porque isso atrapalha o andamento das coisas. Sem dúvida que atrapalha. No entanto, não posso responder a esse pedido senão tratando disso, que pela ordem médica está sendo excluído, a subjetividade. Isso precisa ser tratado, e não excluído mais uma vez. O que é interessante notar é que apesar de sermos chamados para ajudar a excluir essa subjetividade, como se fizéssemos parte da ordem médica, não é isso que fazemos. No entanto, o efeito da escuta analítica é positivo para os médicos. Não excluímos, apenas levamos em conta. O fato de levarmos em conta faz com que o paciente perceba que o seu drama está sendo escutado, ele tem para quem falar, ele tem quem o escute, e a partir desse momento ele passa a falar para mim, e não mais para o médico, que se alivia por ficar, de novo, responsável apenas pela doença. Então, concluindo, o que percebo é que a nossa presença garante que eles continuem excluindo a subjetividade, e, por outro lado, a exclusão da subjetividade por parte deles é o que garante a nossa presença no hospital.

4.6. Sobre a direção de um tratamento analítico na enfermaria

H. L. é uma paciente que tem câncer no fígado, e sua única chance de não morrer nos próximos meses é fazer um transplante. De formação universitária, tem 56 anos, três filhos, é desquitada e está a par de toda a sua situação. Meu primeiro contato com H. L. foi no ambulatório da Unidade de Fígado, quando o seu médico me encaminhou para um atendimento pré-transplante. No ambulatório tínhamos sessões semanais (às vezes duas por semana), e aí ela teve oportunidade de contar com detalhes a sua história, falar sobre a sua doença e sua expectativa com relação ao transplante. Apesar de aparentemente animada com a possibilidade de salvar-se, H. L. era ambígua com relação ao sentido da vida, já que se sentia, na verdade, uma mulher infeliz. Duvidava o tempo todo da importância que tinha para os filhos, tendo em alguns momentos pensado que eles não faziam muita questão de vê-la viva. Ao longo das sessões, foi se dando conta do quanto de culpa sentia ao enxergar-se como alguém que nunca foi uma boa mãe. Dá-se conta da saudade que tem sentido dos seus pais mortos, e acha também que poderia ter sido uma filha melhor.

Natural da Espanha, nascida em época de guerra, diz-se uma lutadora e, ao pesar na balança, afirma que prefere viver, quer reformular sua vida e topa esperar o transplante, "nem que eu tenha que me cuidar sozinha, não sei se alguém vai se dispor a me cuidar" (sic). Com muita tristeza guardada, H. L. passa a se considerar uma mulher salva quando fala da confiança que tem em seu médico, e em mim encontra uma possibilidade de não mais falar sozinha.

Chamada para o transplante, vai ao hospital feliz e ansiosa, como vai qualquer paciente quando é chegada a sua hora de trocar o órgão doente. Chegou a ser anestesiada na mesa de cirurgia. No entanto, acordou não transplantada, pois na última hora a equipe resolveu desprezar o fígado do doador, considerando-o um "fígado ruim".

H. L., no entanto, permaneceu internada, pois a equipe, diante de sua decepção, "prometeu-lhe" que o transplante seria feito tão logo fosse possível.

No nosso primeiro encontro na enfermaria após esse "alarme falso" (síc), H. L. me recebe sorrindo e se mostra, como sempre, bastante receptiva e interessada em falar. Fala-me de sua decepção e logo em seguida conforma-se dizendo que deve ter sido melhor assim. Acha que tem de continuar esperando e diz que soube que o seu tumor diminuiu com a quimioterapia. Um outro efeito da quimioterapia foi que todos os seus cabelos caíram, estando hoje a paciente absolutamente careca.

Emocionada, ela me diz que essa noite teve um sonho. Conta-me o sonho e tenta decifrá-lo, quase me pedindo que faça isso por ela.

O sonho foi o seguinte: "Eu estava andando aqui pelas redondezas do hospital com um cigarro na boca, estava fumando. As redondezas do hospital eram também o meu lugar de trabalho, e eu estava caminhando entre colegas; as pessoas tinham na mão um copo de plástico, como esse aqui (aponta para a cabeceira do seu leito), e elas tomavam chope. Eu sentia o gosto de chope na minha boca, mas não me lembro de ter bebido, e aí eu me desesperava. Meu Deus, eu fumei e eu bebi, e agora? Se aparecer um fígado agora eu não vou poder fazer o transplante. Aí aparecia um homem que eu não conheço, que era namorado ou marido de uma colega de trabalho minha, que eu também não conheço, e me oferecia carona. Eu não queria ir, mas terminava indo; eu estava com meu filho, e como eu mesma havia desconfiado, ele me deixou no meio do caminho, na Marginal, e me mandou tomar um ônibus. Eu não queria ficar ali, o rio Tietê ou Pinheiros, não sei, estava muito cheio, estava quase transbordando pelo asfalto, e o tempo estava carregado, escuro, fechado, ia chover muito e ia inundar tudo. Eu não queria ficar muito ali, e ia inundar tudo. E eu dizia que ali eu não ia ficar. Aí eu acordei".

Ela tenta entender o seu sonho e me diz que lhe chamou a atenção o fato de a água do rio ser muito limpa. Pergunto-lhe sobre o cigarro na boca, e ela me diz que tem tido muita vontade de fumar, principalmente quando está do lado das pessoas em sua casa. Ela tem preferido ficar sozinha, e sozinha tem menos vontade de fumar. Diz que na noite anterior ao chamado para o transplante, enquanto estava sozinha, pensou em tornar comprimidos e morrer, em dar um fim a essa história. Mas dormiu sem comprimidos e, na manhã seguinte, ao ser chamada, achou que o transplante seria uma saída melhor.

Digo-lhe que ela pensou em se conduzir para a morte, mas que no sonho ela coloca um homem sendo o condutor. Então ela me diz que acha que deve ter contraído hepatite através da relação com os homens. Pensa em dois homens com quem ela se relacionou, que eram bastante promíscuos e bebiam. Fala então do gosto de chope na boca e fica intrigada porque ela não havia sentido desejo de beber assim como havia sentido desejo de fumar. Acha que o gosto de chope é uma referência aos homens que bebiam, que de alguma forma lhe fizeram ficar doente.

Pergunto-lhe o que ela sempre quis dos homens, e ela volta em alguns pontos que já haviam sido tocados em sessões anteriores.

Encerro a sessão marcando um novo horário para voltar a atendê-la e disse que se ela recebesse alta para esperar o fígado em casa, e quisesse falar comigo, saberia onde me encontrar. Ela me pergunta por que a água do rio era tão limpa. Eu digo que ela me conta sobre isso no próximo encontro.

É um caso que já está em andamento e talvez para esclarecer melhor algumas intervenções específicas eu tivesse de apresentar mais detalhes. Mas, a partir do que foi exposto, trata-se de uma paciente que tem uma demanda clara de análise, uma paciente que me pede que decifre o seu sonho, os seus pensamentos, me colocando, portanto, no lugar de *sujeito suposto saber*, lugar para onde ela dirige a sua fala em busca de um novo saber.

Esse é um caso que vem explicitar o quanto o lugar do encontro pouco influi no andamento do processo de análise.

Dois dias depois, antes de eu chegar na enfermaria, encontrei no corredor do hospital um dos membros da equipe que me perguntou se H. L. tinha algum *distúrbio psíquico*. Perguntei-lhe porque estava me perguntando aquilo, e ele me diz, já com pressa, pois o elevador pelo qual estava esperando havia chegado, que a paciente é muito esquisita, e toma o elevador, sem, naturalmente, esperar a minha provável resposta.

Somei isso ao fato de, através de um telefonema que me fora dado em casa antes do meu horário de trabalho, já ter sabido que H. L. havia sido chamada e fora para o transplante no dia anterior e, que, terminada a cirurgia, ao acordar, durante a madrugada, se extubou. Naturalmente, imaginei, algo de excepcional aconteceu e está assustando os médicos.

Subi para a enfermaria e entrei na UTI onde estava H. L., e todos os médicos passando visita em volta do seu leito. A paciente, apesar de já ter se extubado, estava totalmente monitorizada, cheia de drenos, fios e tomando oxigênio. Sua feição era de alguém bastante assustada, mas em meio a tanta gente ela me olha, me reconhece de longe, eu a cumprimento, e ela me responde com um balançar de cabeça e um sorriso esboçado. Imediatamente o seu médico, o mesmo que havia me encaminhado a paciente no ambulatório para um acompanhamento pré-transplante, me solicita, perguntando se eu notei nela alguma tendência para psicose ou esquizofrenia. Eu digo que de forma alguma, que com certeza não se trata de um quadro de estrutura psicótica, mas trata-se de um caso com questões emocionais complicadas. Ele me diz que ela teve um quadro de agitação psicomotora e que haviam chegado a desconfiar de algum quadro psiquiátrico grave. Eu volto a assegurar--lhe que não se trata disso e pergunto se essa agitação não pode ser consequência da ação dos medicamentos agindo sobre uma estrutura já complicada. Ele diz que sim, que deve ser a ação dos corticoides.

Quando eu estava indo em direção à paciente e o resto da equipe em direção à saída da UTI, a paciente chama o seu médico e diz: "Doutor, eles estão querendo cortar o meu pé" *(sic)*. Todos se entreolham. Eles saem, e eu vou escutá-la. Ficou claro para mim que tanto a paciente como a equipe estavam bastante assustadas.

Sobre a pergunta que o médico me fez enquanto esperava o elevador, do jeito que as coisas transcorreram, eu entendi que ele queria muito mais me contar que algo estranho tinha acontecido do que propriamente saber qual era o problema da paciente. Isso me faz lembrar o quanto o médico pouco quer saber do que sofre um paciente no sentido psíquico; o que ele quer é que qualquer *distúrbio* não venha a perturbar os procedimentos. Mas é isso aí, é esse o imperativo da ordem médica, é pela ordem da saúde física (aí ordem no sentido da organização) que eles têm de zelar. Qualquer perturbação psíquica aparece não para ser tratada, compreendida, e sim para ser eliminada, pois constitui um fator ameaçador.

Com relação à questão do diagnóstico, talvez a equipe tenha ficado confusa diante do meu parecer, porque logo que a paciente se extubou diante do quadro de agitação, alguns médicos presentes solicitaram o plantonista da Psiquiatria que, ao chegar, disse que se tratava de uma *esquizofrênica*. Ao saber disso, o médico que tratava e vinha acompanhando a paciente não concordou com esse diagnóstico psiquiátrico e, numa atitude cuidadosa, sensata e profissional, pediu que levassem em conta a ação de corticoides antes de se fazer um diagnóstico precipitado. Foi após a saída do psiquiatra que eu entrei na UTI e fui solicitada pelo médico para dar o meu rápido parecer, ficando evidente, nesse momento, a divergência entre o parecer psiquiátrico e psicanalítico.

Com relação à minha certeza sobre o diagnóstico da paciente: só o que me garante essa certeza expressa diante de toda a equipe é a escuta e o referencial teórico psicanalítico, a questão do diagnóstico diferencial de estrutura. Para mim, estava claro, até então, que se tratava de uma neurótica grave. Quando afirmei, sem saber o que de fato tinha acontecido, como a paciente tinha se *comportado*, estava confiando na estrutura. No entanto, por um momento, desconfiei da minha escuta, da minha competência. Mas pensei em todos os atendimentos anteriores, no fato de ela ter se extubado sozinha, e isso fazia sentido. Tratava-se de alguém que estava muito ansioso antes do transplante, no sonho que ela havia me contado na sessão anterior aparecia o seu desejo inconsciente de morrer, e relacionei isso com os seus questionamentos anteriores sobre se ela mereceria ou não continuar viva. Marcam a sua existência a dúvida e a desconfiança. Foi quando recobrei a confiança em mim mesma que me dirigi à paciente que estava meio dopada. Ela me diz, de pronto: "Lívia, não se aproxime de mim que você vai se queimar". E o atendimento prosseguiu assim:

Eu: Me queimar?

H. L.: Vai se queimar porque eu estou ardendo em fogo.

"Ardendo em fogo" era uma expressão que ela sempre usava quando ia me falar da coceira que a atormentava, coceira brutal provocada pelo problema hepático. Ela se incomodava muito com essa coceira e usava a metáfora, por exemplo: "Essa noite ardi em fogo", para falar da sua coceira. Então eu lhe digo:

Eu: Mas você não tem mais coceira, você já foi transplantada, acabou o tumor, acabou a coceira.

H. L.: Eu tenho a sensação que aqui tem uma outra pessoa.

Eu: Não é outra pessoa, é outro fígado. É um fígado novo.

Ela "cai em si", e diz:

H. L.: Ah, então é isso que estou confundindo!?

Ela se espanta, me olha, me chama pelo nome e me pergunta:

H. L.: Lívia, e você não está vendo fogo no quarto?

Eu: Não, isso não é fogo, isso é a fumaça do oxigênio que você está tomando. Você sabe por que está tomando oxigênio?

H. L.: Eu já fiz o transplante! Mas será que eles não estão querendo que eu morra?

Eu: Por que eles iriam querer a sua morte?

H. L.: Não sei, mas eu tô com medo.

Eu: No sonho que você me contou na última sessão, tinha alguém que te levava à morte, lembra?

Assustada, ela balança a cabeça, diz que sim e continua:

H. L.: Lembro, você disse que ia voltar hoje para a gente continuar conversando, mais ou menos na mesma hora.

Eu: Então, é hoje, mais ou menos na mesma hora e eu estou aqui. Agora me conte como foi o transplante, que horas você subiu?

H. L.: Não sei direito, foi ontem, me chamaram e eu fui, foi como um casamento.

Eu: Um casamento?

H. L.: (Ri) Não sei, estou muito confusa.

Eu: Você está na UTI, acordou há pouco, e o seu transplante foi muito bem. Por que você está achando que as pessoas aqui vão lhe fazer mal?

H. L.: Eu tenho medo.

Eu: Você precisa lembrar que você é que estava pensando em morrer, não são as pessoas daqui que pensam em te matar.

H. L.: Você se lembra quando a gente se conheceu que eu tive medo que você não me aprovasse para ir para o transplante?

Eu: Sim, você achou que eu queria que você morresse, que eu tinha o poder de deixar você morrer. Agora você também está achando isso das pessoas aqui. Mas você sabe que isso não é verdade, isso é uma fantasia sua.

H. L.: É, você está aqui. Quer dizer que nós vamos ser amigas mesmo?

Eu: Você está muito assustada, mas depois nós vamos analisar isso, como a gente vinha fazendo antes. Agora é hora de se acalmar para descansar. Ninguém aqui quer lhe fazer mal.

Ela sorri e diz que está muito cansada. Falo para ela descansar e que depois eu voltarei para vê-la.

Ao sair da UTI, eu encontro com sua filha mais velha (filha que ela desconfiava que não a amava enquanto mãe), que pergunta se pode entrar. Eu entro novamente e ela estava mais calma, bem mais calma. Pergunto-lhe se ela quer que sua filha entre. Ela me pergunta, com interesse: "Ela quer entrar?" Eu disse que sim, que ela me pediu para entrar. E ela diz: "Então, tá... mas o que você acha?" Respondo: "Não sei, a vontade é sua". Ela me diz: "Tá bom, mas não precisa ficar muito tempo".

Antes de ir embora voltei lá para me despedir dela, disse que se ela precisasse poderia mandar me chamar e que de qualquer forma amanhã eu viria atendê-la novamente. Ela me diz: "Sim, é só chamar doutora Lívia, da Psicologia" (sic).

Durante a tarde, telefonei novamente, e o residente disse que ela estava calma, porém "negativista", se recusando aos procedimentos, bastante desconfiada. Mas o estado clínico-cirúrgico estava excelente.

Do início ao fim, as minhas intervenções foram no sentido de retificá-la, no sentido lacaniano do termo. Mostrar, via intervenção, que isso é dela, e não da equipe. Pude fazer isso após fornecer-lhe algum dado de realidade, embora eu tivesse a certeza de que ela só estava desesperada porque havia sido "salva". A questão que ficou para mim é que havia um desejo de morte que estava sendo projetado na equipe. Isso caracterizaria um mecanismo neurótico; já que ela estava com poucos recursos para se defender, o recurso mínimo encontrado foi a projeção. Penso no medo que ela sempre teve de não ser querida, de que as pessoas desejassem a sua morte, a experiência negativa que teve em outro hospital, os maus médicos por quem passou antes de chegar ao atual, o seu "Salvador" (sic), doutor S.

Tudo isso são fatores que me fazem compreender o quadro, mas poderiam pairar dúvidas no ar. Será que ela não está conseguindo simbolizar o momento que está vivendo, foi chamada ao *simbólico* e responde com um delírio? Será uma psicose, uma paranóia? A relação que ela teve comigo no início foi mesmo de desconfiança. Medo que eu a deixasse morrer, "reprovando-a". Seria já um delírio? Enfim, são hipóteses, e era preciso ter isso claro com certa rapidez. O fato é que, após o atendimento, o nível de ansiedade baixou muito, embora, aos poucos, a desconfiança voltasse a se manifestar com intensidade. Apesar das dúvidas, saí ainda tendendo a acreditar mais no diagnóstico estrutural de neurose. E passo a pensar nesse estado confuso como, lembrei-me, os devaneios das histéricas de Freud, ou seja, fenomenologicamente trata-se de delírios e alucinações, sem dúvida, mas a minha questão é com a estrutura. Neurose ou psicose? Para mim, até que eu constate o contrário, é uma neurose.

Com relação ao atendimento, a uma certa altura da crise, achei que era importante acalmá-la para que ela pudesse, mais tarde, se organizar melhor para falar comigo.

No dia seguinte, assim que cheguei na enfermaria, um dos médicos, ao me encontrar, faz um chiste interessante e me diz: "Pronto, chegou Deus!" (sic). Foi assim que fiquei sabendo, a partir da explicação que ele me deu, que a paciente desde cedinho repetia por diversas vezes a frase: "Minha alma foi salva por Deus" (sic). Sem querer entender exatamente o sentido do chiste, deixando isso para depois, fui direto para a UTI, ao encontro de H. L.

O cenário era bastante confuso. Muitas pessoas em volta da paciente agitada, fazendo curativos e tomando as últimas providências antes que se iniciasse a visita médica. Quando me aproximei do leito, ela me viu e ficou me olhando. Um dos médicos perguntou se ela me conhecia, ao que ela responde, com uma certa agressividade dirigida para ele: "É claro, é a Lívia, minha psicóloga, e agora saia daqui porque eu tenho muito o que falar com ela, e você não pode ouvir nada" (sic).

Ele não se move e continua fazendo o que tem de fazer. Ela olha desconfiada para o curativo que ele terminava de fazer e me pede que verifique se ele estava fazendo "certinho". O que era claro para mim é que ela estava desconfiada de que as pessoas, ao não lhe tratarem bem, quisessem que ela morresse. A angústia de morte estava estampada em sua face. Haviam prendido suas mãos, de forma que ela estava literalmente atada, nas mãos dos médicos.

Quando as pessoas foram terminando o que tinham de fazer, e a UTI foi se esvaziando, ficou mais fácil abordá-la. Ela me disse, antes que eu falasse qualquer coisa: "Minha alma foi salva por Deus" *(sic)*, repetindo essa frase algumas vezes. E eu disse: "Sim, você está salva, não tem mais tumor, o seu transplante foi muito bem e você está salva". Então ela me diz:

H. L.: Mas eles tiraram meu fígado.

Eu: Tiraram seu fígado antigo e colocaram um fígado novo, não é isso que é um transplante?

H. L.: Eles tiraram o meu fígado novo. Tem dois ou três aí que querem me contaminar.

Apostando em cheio no meu diagnóstico anterior de neurose, arrisquei tudo:

Eu: Você sabe muito bem que ninguém aqui quer que você morra, ninguém aqui quer te fazer maldade. Você sabe que a ideia de morrer é sua, e não deles. Por que você está pensando que vai morrer agora?

H. L.: Mas eu não entendo o que eles falam... Eles ficam falando baixinho.

Eu: Você está assustada, tem muitos fios, muitos remédios, você não imaginou que fosse ser tão difícil, mas isso já vai passar; o importante é você saber que está indo tudo bem e me falar sobre esses medos, essa angústia que você está sentindo. Eu estou aqui para isso, para te escutar.

Ela sorri e me agradece. Diz que está assustada. Nesse momento entra o seu médico e a equipe para iniciar a visita. Ele lhe pergunta como ela está. Ela diz que está sem fígado. E ele diz que não, que "a senhora está com um fígado novinho em folha, foi eu que coloquei". E ela diz: "Mas ele está com H.I.V.". E ele diz que não, ele está é com A.S.T.

Nesse momento todos entram na UTI, e começa a visita, que durou aproximadamente uns quarenta minutos.

Acompanhando a visita, fiquei a pensar nas frases: "Minha alma foi salva por Deus", "tiraram meu fígado", "ele está com H.I.V." e em que sentido, na história dela, faziam essas frases. Era uma pessoa que pensava em morrer quando se angustiava e se angustiava quando duvidava do amor do Outro. Queixava-se do desamor de seus filhos, achava que eles não se importariam se ela morresse e chegou a pensar que eles desejavam a sua morte. Poderia perfeitamente, num momento de crise, estar transferindo isso para alguns membros da equipe, e aí se atualizava a sua desconfiança, a sua insegurança. Pensei na sua desconfiança como sendo uma expressão do seu desejo de ser salva, mas salva da sua ideia de morrer. Desconfiada, o que ela pede é cuidado, carinho, amor. Na transferência comigo, me pede que lhe assegure que serei mesmo sua amiga.

Sobre a minha intervenção, eu só viria a saber do efeito dela mais tarde. Achei, naquele momento, que era importante ser diretiva, devolver-lhe o que era dela e que ela estava colocando fora; achei que era importante dizer-lhe que o que ela tinha era angústia e que eu estava ali para escutá-la; eu estava dando espaço para que ela "significantizasse sua angústia", angústia de morte que chegara aos extremos. E é nesse momento que ela pede *socorro* com comportamentos "bizarros", que chamam a atenção da equipe, que, mesmo sem entender o que se passa, fica alerta, atenta.

No momento da entrada do seu médico, ela fala novamente coisas que chamam a atenção: "Estou sem fígado e ele está com H.I.V." Ele a corrige nos dois momentos. Poderia ser um delírio, mas interpretei isso como um pedido de socorro ao médico em quem ela confia, como quem pede a ele: "Olhe por mim, impeça que me aconteça algo de ruim".

Durante todo o tempo da visita ela "se comportou muito bem", estando apenas visivelmente incomodada com a máscara de oxigênio e os fios. O residente que apresentava o caso, no momento de sua explanação, disse que a paciente havia melhorado de ontem para hoje sob o ponto de vista de agitação psicomotora, mas que estava desconfiando de todos os médicos, recusando-se à maioria dos procedimentos.

A visita médica é sempre feita com o objetivo de se acompanhar detalhadamente toda a evolução da paciente, mas tem também, de maneira muito marcante, o caráter de aula-arguição. No momento em que o residente falou da desconfiança, o médico da paciente interviu brilhantemente perguntando: "Será que é por aí? Você acha que ela não tem razão para desconfiar? Vejam a história dela... ela tem mais é que desconfiar mesmo. Vocês é que têm de saber se virar com isso!".

Durante a visita, H. L. "se comportou bem" sob o ângulo da ordem médica, no sentido de que ela não incomodou o andamento da visita, embora estivesse muito incomodada. Fiquei atenta o tempo todo e imaginando que, com o nível de angústia que ela estava sentindo, diante do clima de arguição rigorosa, broncas e dúvidas, em que ela era o objeto de estudo, a qualquer momento ela iria estourar. Mas para minha surpresa ela se "controlou" muito bem.

Percebi ali o que já tinha constatado tantas vezes antes: esteja o paciente como estiver, bem, mal, paranóico, deprimido, angustiado, seja como for, o que reina ali é o "Discurso do Mestre", e o paciente haverá de se adaptar às leis da ordem médica, custe o que custar. Teve horas que eu tive vontade de dizer para que eles fossem continuar a visita e aquele discurso em outro lugar. Mas será que eu poderia fazer isso? Será que, de alguma forma, também não tenho de respeitar essa ordem vigente ali há anos? Acredito, às vezes, que, se eu a contesto, caio fora, no sentido de que vencem os mais fortes, em qualquer situação. No entanto, isso não me impede, em absoluto, de dizer o que penso, que é o que venho fazendo com frequência com o médico da paciente em questão.

Achei que foi muito importante que ele chamasse a atenção da equipe no sentido de pedir que prestem atenção à história dela, acrescentando à equipe dados que eu havia lhe dado na conversa que tivemos no dia anterior, e ele fez isso de forma bastante discreta, preocupando-se com aspectos de ética e sigilo.

O fato de, ao fim da visita, H. L. não ter atuado nem "delirado" me fez continuar confiando na minha hipótese diagnóstica, e foi por aí que continuei o atendimento, depois da visita. Ela me pergunta:

H. L.: O que você achou?

Eu: De quê?

H. L.: De tudo que eles falaram (ela estava um pouco menos assustada, mas me perguntava apreensiva).

Eu: Está tudo muito bem, você não ouviu? (É verdade, clínica e cirurgicamente as coisas caminham, por enquanto, muito bem mesmo.)

H. L.: Ouvi, está tudo bem mesmo?

Eu: Sim, você não entendeu?

H. L.: Eles falam em termos que eu não entendo, fico sem saber o que eles estão falando.

Eu: Eles falam em linguagem médica, e você não é médica, não pode entender mesmo. Na visita eles estão falando sobre o seu caso, na sua frente, mas eles não estão falando para você.

H. L.: É, mas você viu, o próprio doutor S. confirmou as minhas desconfianças; você viu que ele ficou o tempo todo perguntando tudo para eles. Será que ele está confiando nesses médicos que estão me assistindo mais de perto? Não será que ele está também um pouco inseguro?

Eu: Não, ele não está inseguro, o problema é que você não conhece o lado professor do seu médico. Ele é um professor e é muito exigente, você viu. O tempo todo, ainda que você não entendesse o que foi dito, tudo o que ele falou tem o objetivo de orientar as pessoas que cuidam de você para lhe tratarem da melhor maneira possível, da maneira mais correta. Esse é o objetivo de todos os médicos aqui. O que eles querem é que o seu transplante dê certo.

H. L.: É? É mesmo. Mas eu acho que tem dois ou três que não vão muito com a minha cara. Eles queriam tirar meu fígado.

Eu: Quem te garante isso? Como é que você sabe?

H. L.: Eu ouvi eles dois cochichando, eu ouvi eles falarem de um vírus, eu achei que eles queriam me contaminar.

Eu: Você tem certeza disso?

H. L.: Certeza, certeza, não!

Eu: Isso não é verdade, isso é coisa da sua cabeça, e eu acho que a gente vai precisar entender o porquê de você estar pensando

	essas coisas. Você está pensando que as pessoas não querem que você *viva*. Por quê?
H. L.:	Sabe, Lívia, eu estou muito assustada, eu não pensei que fosse ser assim. É muito difícil para mim ficar aqui cheia de fios. Presa, sem entender nada, aí eu acho que eu fico pensando que o que eles estão falando é comigo.
Eu:	Não, não é com você. E talvez o que esteja faltando seja isso, que eles falem mais com você, que eles te expliquem o que estão falando, o que estão fazendo, pra que isso, pra que aquilo, não é? Se você já está tão assustada, ainda sem entender nada, você fica mais ainda.
H. L.:	É, eu queria que eles falassem mais comigo. (Faz uma pausa, sorri e pega na minha mão.) Eu sei que você está se esforçando o máximo.
Eu:	Você está se esforçando o máximo para se adaptar a essa situação, mas está difícil, não é?
H. L.:	É isso! (Parece bem mais calma.)
Eu:	Onde estão seus filhos?
H. L.:	Não sei, acho que... não sei deles. Não sei se eles vêm aqui.
Eu:	E como ficou o seu livro? (H. L. está com um livro autobiográfico no prelo, e na Unidade ela me falava muito dele, chegando um dia a ir com ele para me mostrar.
H. L.:	Não sei. (Sorri.) Quando já estava para sair eu fui chamada para o transplante. Preciso ver como é que vai ficar.
Eu:	Isso! Precisa sair logo daqui para tocar a vida para a frente, não é?
H. L.:	Lívia, muito obrigada. (Aperta minha mão.)

Saio da UTI dizendo que amanhã voltarei para vê-la e que se ela precisar de alguma coisa é para mandar me chamar. Ela me pede para ficar mais um tempo, até a enfermeira voltar. Eu disse para ela que sim e perguntei o que mais ela queria me falar agora. Ela só me disse que estava cansada, mas que estava melhorando. Fico mais algum tempo até que resolvo chamar a enfermeira, que eu sabia que só voltaria quando eu saísse.

Quase convencida de que a paciente sofria neuroticamente de muita angústia, o meu objetivo nesse atendimento era fazê-la falar de suas angústias, na tentativa de fazer com que, menos angustiada, ela pudesse "acordar" daquele sonho em que morria ou quase morria, para poder enfrentar a realidade em que se encontra (que é por si só uma realidade angustiante), com menos angústia.

Quando ela pergunta o que achei do que eles falaram, ela buscava cumplicidade? Pelo que ficou claro até o fim desse atendimento, o que ela me pedia é que eu a protegesse do que ela não estava conseguindo dar conta, proteger-se de si mesma.

A meu ver H. L. estava cansada de lutar para manter-se viva e com equilíbrio. Entendo sua crise como uma tentativa desesperada de defender-se do seu próprio desejo de morte, projetando-o nos médicos.

No final desse atendimento, em que acho que tive a oportunidade de retificá-la, ela me parecia bem mais calma, tendo feito uma demanda que a meu ver precisaria ser não só escutada, mas também atendida, que foi de que os médicos falassem com ela. Achei interessante observar, na prática, o mal-entendido entre os seres falantes, esse que faz com que um neurótico "delire" para poder ser escutado. Imagino que se H. L. não tivesse atuado dessa maneira, ela permaneceria no anonimato mudo do doente, esse que sofre calado, na maioria das vezes, por ser visto como uma doença, tendo de se submeter ao discurso médico e, para isso, pagando o preço da sua dessubjetivação.

Então, essa crise tem também essa função, a de resguardar a sua subjetividade e, curiosamente, tocar na subjetividade dos médicos, na medida em que introduz o desejo deles (de que ela morra ou não morra, por exemplo) na cena da confusão, desejo esse que há muito deveria ter sido sacrificado para que se pudesse realizar os atos médicos.

Imediatamente após esse atendimento procurei o seu médico e a equipe e disse-lhes que a paciente tem muita angústia e que virei atendê-la nos próximos dias desse feriado prolongado, pois ela precisa falar, e falar muito. Disse também que para que a paciente possa colaborar com o trabalho da equipe não vai ter outra saída senão a equipe colaborar com ela. Para que ela entenda e não se recuse aos procedimentos, as pessoas precisam entender que não podem se recusar a dar explicações. Se isso não acontecer – pelo menos nesse período do pós-operatório imediato – não vai ter acordo.

O doutor S. pediu às pessoas da equipe que não tratem os pacientes, só porque são HC, como tigres. Eles precisam de explicação e atenção... Mas ainda houve quem discordasse dele!

Achei que era importante informar e esclarecer para o médico dela, que tem-se mostrado bastante interessado, qual o seu estado e que o que era mais importante era a intervenção da equipe com relação à paciente. Sem dúvida, isso ajudaria no sentido de aliviar a sua angústia. Além disso, a minha intenção era fazer com que ela se sentisse mais segura; eu sabia que se tratava de uma senhora que, por se achar uma mãe má, achava também que os seus filhos lhe odiariam. O fato dos médicos não a considerarem como pessoa e tratarem-na com cuidado, mas também com uma determinada indiferença (no sentido de não diferenciá-la de qualquer outro paciente transplantado), fez com que ela atualizasse a tristeza e a angústia que sente quando sente a indiferença dos filhos para com ela. Aquele era um ambiente propício. Foi por isso que, apesar de saber que o que tem de ser trabalhado são os conteúdos da paciente, achei por bem, num momento de crise e até para facilitar a saída da crise, uma intervenção no "ambiente", até onde fosse possível. É claro que eu não estava pretendendo transformar os residentes em filhinhos carinhosos, mas pelo menos fazer com que eles atuassem no sentido de diminuir essa distância existente entre o discurso do médico e o discurso do paciente, até onde fosse possível reduzir esse "mal-entendido".

Depois de tudo, conversei especificamente com o residente que é responsável por tomar conta de H. L., que por sua vez estava bastante assustado com tudo o que havia acontecido nesses últimos dois dias.

Eu havia deixado a paciente bem mais calma, e quando fui me despedir ela estava sorridente, e àquelas alturas já havia alguns membros da equipe "paparicando-a". Achei curioso esse quadro que vi e pensei na questão da histérica, que dá o *show* em troca de carinho. Eu havia pedido apenas que falassem com a paciente.

Quando telefonei à noite, o residente me disse que estava tudo bem e que aos poucos eles estavam se entendendo, se adaptando a ela, e ela se adaptando a eles. Que ela estava calma e clinicamente estava muito bem.

No dia seguinte entrei na UTI, e a equipe tinha acabado de passar a visita. A paciente estava sentada e com uma "cara ótima". Ao me ver, sorriu para mim. A enfermeira que estava presente pede licença dizendo que vai sair para que eu possa atendê-la e que se precisar de qualquer coisa é só chamá-la.

A sós com H. L., pergunto como ela está. Ela me diz que está muito bem, segundo os médicos. Pergunto:

Eu: É. Segundo os médicos eu sei que você está clínica e cirurgicamente muito bem, mas quero saber segundo você.

H. L.: (Ela sorri.) Estou bem sim, acho que aquele pavor está passando, aquela desconfiança está diminuindo, estou começando a ficar melhor.

Eu: Como é que a desconfiança está diminuindo?

H. L.: Eles estão me tratando *diferente*, me tratam com mais atenção, estão me explicando tudo, e isso está sendo muito bom, me sinto mais segura.

Eu: Do que você desconfiava?

H. L.: De que eles queriam me matar.

Eu: Não entendi.

H. L.: (Ela sorri, meio envergonhada.) Eu sei que eles não iam me matar, eu não sei direito por que eu pensava isso, aquela história de vírus, que eu ouvi um cochichando baixinho com o outro. Eles não devem fazer isso com o paciente que já está debilitado, e eles ainda fazem isso? Parece que a gente não está ali!

Eu: Por que será que você pensou que ia morrer?

H. L.: É, eu não sei. Vou precisar pensar nisso; ainda bem que eles aqui estão me tratando melhor, assim me sinto mais confiante. Eu recebi o seu recado ontem, o seu telefonema.

Eu: Você recebeu ou vai receber visitas?

H. L.: Não sei... acho que devem estar todos viajando, é feriado, não é?

Eu: Está bem, amanhã eu voltarei para te atender novamente.

Ela me chama, quando eu já estava na porta, e diz:

H. L.: Lívia, muito obrigada.

Eu: Por nada, H. L.

H. L.: Por tudo, obrigada mesmo.

Saio do quarto dizendo que amanhã de manhã estarei de volta.

O que ficou claro para mim nesse atendimento é que as minhas intervenções práticas do dia anterior tinham sido eficazes, principalmente no que diz respeito à relação da paciente com a equipe e vice-versa. Diminuiu a desconfiança que ela sentia em relação à equipe, porque esta passou a se mostrar mais confiante, tratando-a *sem indiferença*. É como ela diz: *"Estão me tratando diferente"*. Mas é claro que a questão do sujeito não foi tratada, e foi a isso que eu tentei ter acesso nessa sessão, mas ela, de alguma forma, se fecha, talvez porque não seja mesmo tempo para falar das outras desconfianças, e eu respeito. Para mim é muito claro que essa desconfiança tem a ver também com os filhos; por isso introduzi a pergunta das visitas, e ela fica triste ao me responder que acha que estão todos viajando, mas não fala nada. Introduzi essa pergunta depois que ela havia me dito que eles (médicos) falavam uns com os outros como se ela não estivesse ali. E isso era a queixa que ela me fazia em atendimentos anteriores quando se referia ao tratamento que os filhos lhe davam e talvez por isso tenha pensado em morrer, ao pensar que era esse o desejo dos filhos em relação a ela (desejo que deslocou para os médicos). E é exatamente quando me diz que recebeu o meu telefonema, provavelmente para fazer uma referência à minha *não-indiferença*, que eu a remeto para a questão das visitas = indiferença, e ela me responde supondo que eles lhe são indiferentes mesmo, já que estão viajando.

Ela não falou mais nada sobre a sua tristeza, e eu achei que era preciso respeitar o seu tempo. Se ela pudesse falar disso tranquilamente não teria feito o deslocamento que fez.

O Outro lhe é indiferente, é essa sua fantasia, e H. L. passou toda a vida buscando ser diferente dos outros, tentando se sobressair. Ali é uma simples paciente, que sofre como qualquer um. No entanto, ela se "sobressai" quando clama por um atendimento diferente, o que jamais teria sido escutado se não houvesse ali um psicanalista, pois se dependesse da ordem médica, inclusive da Psiquiatria, sua voz já perderia peso ao ser considerada como esquizofrênica.

O que é questão para mim, agora, é que é a sua relação com esse *Grande Outro* indiferente que precisa ser tratada. Lembro da sua fala de atendimentos anteriores em que ela dizia que nasceu na Europa, no meio de uma guerra, e a guerra não havia parado porque ela havia nascido. Havia um sofrimento naquela fala que era pronunciada entre sorriso e ironia. Acho que isso tem a ver com a sua postura revolucionária no sentido de querer transformar o mundo.

Cheguei a pensar também que se tudo isso não fosse claro para mim, o fato de em algum momento ela ter de se defrontar com essa falta (castração) que a constitui, talvez eu tivesse providenciado, numa atitude humanista e em nada psicanalítica, a convocação de sua família, os seus filhos. Mas isso não poderia partir de mim, pois não posso "atuar" junto com ela. Ela também é responsável pela indiferença dos filhos, e se essa indiferença é verdadeira ou não, é também parte de sua *fantasia fundamental*.

Desconfio que a paciente, ao sair dessa crise, passará por um processo depressivo nos próximos dias, e me pergunto em que momento ela vai transferir para mim também essa queixa da indiferença do Outro.

A equipe vem, satisfeita, me contar que H. L. está ótima, está colaborando e que o pior já passou. O doutor S. pede novamente que tratem bem os pacientes.

Liguei à noite para saber como estava a paciente. O residente disse-me que estava tudo em paz, que ela estava calma e confiante.

Mais uma vez, num espírito também de pesquisa, me vi interessada em saber dos efeitos imediatos das minhas intervenções.

No atendimento do dia seguinte H. L. me diz que se sente muito melhor, fala do quanto a equipe tem sido atenciosa etc. Eu sabia que a sua questão principal nada tinha a ver com a equipe; permaneci em silêncio por um bom tempo, e ela também, visivelmente pensativa. E aí ela continua, já chorando, me dizendo que ontem os filhos vieram visitá-la; o resto da sessão fala sobre a surpresa que foi para ela os filhos não terem viajado nesse feriado para irem visitá-la. Chorando muito, tenta analisar a sua relação com os seus filhos: acha que esse sentimento que tem de ser desprezada por eles tem a ver com o fato de ela não ser uma boa mãe. Mas acha também que ela precisa se perdoar. Aparece aí um forte sentimento de culpa em relação aos filhos. Ela traz lembranças do passado e no final se pergunta: "Que importância será que eu tenho para eles?"

Agora que as coisas estão aparentemente mais calmas, parece-me que já dá para tratar mais diretamente da questão do sujeito. Para mim ficou evidente que essa sessão é uma continuação da anterior, sendo que hoje ela pôde falar da desconfiança dela com relação ao amor dos filhos e ao seu amor de mãe. Escutei as suas colocações, fazendo sempre as intervenções no sentido de abrir o seu discurso, remetendo-a à sua própria história. Terminei a sessão no momento em que ela me dirige a pergunta que lhe é fundamental: "Que importância será que tenho para eles?" Essa é a pergunta que provavelmente ela vem fazendo desde que nasceu, e a guerra não deu importância para o seu nascimento. Assim, no momento em que nasceu, desprotegida, sem entender nada (exatamente como se sentiu quando acordou do transplante, ou seja, "nasceu de novo"), ela poderia ter morrido.

Foi não saber a resposta a essa pergunta – "que importância será que tenho para eles?" (que em última análise é a questão que o neurótico dirige toda a vida para o Outro que não o responde) – que fez com que H. L. chegasse ao desespero num momento de crise, em que esteve, de fato, entre a vida e a morte.

Continuo, então, atendendo-a quase que diariamente, e nessas sessões ela vem se tratando, falando em busca de suas verdades. Num desses atendimentos, H. L. estava um pouco deprimida, chorosa, e me diz que tem ficado um pouco assustada com a análise que tem feito assistindo ali ao cotidiano da enfermaria. Para me esclarecer melhor o que está querendo dizer (e ao mesmo tempo denunciar), ela me exemplifica contando o seguinte episódio referente ao residente que é responsável pelo seu caso.

H. L.: Eu gosto desse rapaz, ele é muito atencioso, ele me faz falta, mas você acredita que outro dia eu disse para ele: "Senti sua falta", e ele me disse que não era para sentir, que, quando ele não estava, o outro que estava no plantão era muito bom, que eram todos da mesma equipe, uma equipe muito boa, muito integrada... Ora, eu não estou falando isso! Ele se exclui, a parte pessoal dele... Não pode se excluir assim, eu não entendo isso, ele tem de levar em consideração que ele é diferente do outro... E aquele outro, o doutor Z, eu não gosto dele; hoje pela manhã eu estava virada para o outro lado e vi que alguém chegou, mas não vi quem era, e eu perguntei "quem é?". Ele respondeu: "Eu". Mas eu não conheço ele pela voz, e eu disse: "Eu quem?". E ele falou: "O bicho-papão". Sabe, Lívia, ele não sabe, mas é exatamente a posição de bicho-papão a que ele ocupa aqui dentro, não é por acaso que ele falou aquilo. Eu não gosto dele. A equipe essa noite, a de atendentes, era muito ruim. A gente chama e espera uma hora para elas atenderem. (Recomeça a chorar.) Outro dia dois pacientes caíram de tanto chamar, e elas não vieram; o paciente vai perdendo as esperanças; eu mesma já me levanto sozinha, porque eu perco as esperanças que elas venham atender.

Eu: Você espera, cansa, desespera e então resolve se virar sozinha.

H. L.: (Ela sorri.) É... Mas eu estou te dizendo tudo isso porque eu acho que eu posso contribuir para ajudar a humanizar tudo isso.

Eu: Como é para você agora não ter mais câncer, hoje ser uma transplantada?

H. L.: Ah, eu acho que é muito bom. Vejo o transplante como uma aventura.

Eu: Uma aventura?

H. L.: É, uma aventura, assim como uns vão à Lua, outros pilotam avião supersônico, outros fazem transplante, e outros se submetem a ele. Como o nome mesmo já diz, é um *programa de transplante*, é como se fosse uma brincadeira, cada um faz a sua parte. Eu estou fazendo a minha parte, agora, não é fácil! Você está vendo, estou meio deprimida, apesar de estar de batom. É que hoje pela manhã, por tudo isso que te falei, eu fiquei muito chateada, chorei muito, eu estou muito chorona, sabe? Aí depois eu reagi. Eu disse: eu tenho de reagir. Fui, tomei um bom banho, coloquei esse robe e passei um batom; aí veio a visita, e eles falaram aqui da Síndrome do Batom, disse que isso é um bom sinal. Eu não acho não, o que você acha?

Eu: O que você acha?

H. L.: Eu acho que eu coloquei isso para não me entregar à tristeza; tinha de reagir.

Eu: O batom é um sinal, hoje, de que tem alguma coisa que não está bem, algo que te deprime?

H. L.: É. É isso.

Eu: Você localiza em você mesma o que te deprime?

H. L.: Acho que tudo isso que te falei.

Encerro a sessão marcando um novo horário para atendê-la. Ele me agradece muito e diz:

H. L.: Tem sido muito importante para mim falar com você. Muito obrigada mesmo.

Nessa sessão H. L. estava deprimida, e penso que a cada instante que se depara com os seus limites, com as suas faltas, enfim, com a sua castração, ela se deprime. No entanto, embora queixosa, tenta se implicar no contexto, através da crítica e da reflexão. (É incrível como ela consegue analisar a posição que cada um ocupa nisso que chama de aventura.)

Diante dessa brutal distância entre a ordem médica e a ordem do desejo, ela luta para que a sua subjetividade seja levada em conta e critica a exclusão pessoal a qual se submete o residente que, provavelmente, havia colocado-se como tão importante quanto qualquer outro, porque ele precisa não levar em conta a sua própria subjetividade para exercer ali a sua função.

H. L. sofre pela exclusão, por suas faltas, e acha que pode contribuir com o meu trabalho, pois me vê como alguém que está ali para humanizar aquele processo. Esse não é o meu objetivo. O meu objetivo é estar ali para fazer com que ela se analise. Mas ela deve ter pensado em "contribuir" comigo talvez porque eu seja a única que leva em conta o sujeito atuante, desejante que há nela, numa tentativa de não se sentir tão só quanto pensa que é.

O meu trabalho não visa adaptá-la à ordem médica, assujeitá--la – isso ela, em parte, já está. Interessa-me escutar o sujeito do Inconsciente e intervir a partir daí.

A minha intervenção – "você espera, se cansa, se desespera e se vira sozinha" – foi no sentido de marcar para ela a sua posição ao longo de sua história. Ela compreende e sorri, e é nesse momento que deseja colaborar com o meu trabalho, deseja me ser útil, como se eu também necessitasse da sua ajuda para realizar uma tarefa difícil.

Então, coloca-se como especial, importante, mais uma vez na esperança de ser desejada e amada pelo Outro. E foi para não lhe dar a ilusão de que faremos um par amoroso, via transferência, que volto a questão para ela mesma, apresentando-lhe de volta o seu novo limite, ser transplantada.

Aí ela se implica, não aceita estar excluída, não aceita submeter-se cegamente à ordem médica, questionando-a. Critica a interpretação objetiva que os médicos dão para o fato de ela estar usando batom. Em contraposição, busca a minha interpretação, que não dou, e ela então dá a sua: "Coloquei batom para reagir à tristeza".

H. L. – como qualquer pessoa que, ao se submeter às necessárias ordens médicas, tenha que para isso pagar com a exclusão de sua subjetividade – está triste. O importante é ter recursos para reagir a isso.

Com o passar dos dias, H. L. encontra-se psiquicamente melhor, analisando não só a si mesma, mas também a situação em que está inserida, ora tentando derrogar os mestres (o que é a expressão do desejo de toda histérica que se preza!), ora tentando adaptar-se à situação que vive para logo conseguir sair dela.

Até que, como é o esperado, aparece o quadro clínico de rejeição ao órgão transplantado, e a equipe toma as providências necessárias, discutindo-a na visita, na presença da paciente. Ela interpreta que a sua rejeição física tem algo a ver com o fato de ela estar rejeitando a situação confusa de internação e pergunta isso para os médicos no momento da visita.

Eles dizem que não, e o não é categórico. Quando chego, ela me conta, irritada, de sua interpretação com relação à rejeição e busca a minha concordância, que não dou. Apenas marco que ela começa a dificultar as coisas para ela mesma, na medida em que rejeita tudo o que está à sua volta. Ela me diz que às vezes tem vontade de morrer. O que fica muito claro para mim é que a paciente está extremamente irritada com a rejeição de sua subjetividade por parte da equipe, e é a mim que ela vem pedir que a considere, na medida em que me pede praticamente que concorde com a sua teorização a respeito da rejeição do órgão.

É esse "desdém" que o discurso médico promove com relação à subjetividade do doente que H. L. não suporta e que a faz ter vontade de morrer ou dizer que tem essa vontade.

É a esse mal-entendido entre discurso médico e discurso do doente que tenho testemunhado. Essa é uma questão complicada que me faz pensar na posição e na função do analista que trabalha na instituição de saúde. A função dele, a princípio, penso que é reduzir esse mal-entendido até onde é possível, na medida em que escuta o que diz respeito ao sujeito e, de certa forma, escuta também o discurso médico, não sei se para transformá-lo (não sei se isso é possível!), mas talvez para mostrar apenas que ele também fracassa.

Nos dias que se seguem, H. L. me conta do seu desejo de escrever um livro sobre o seu transplante; acha que é importante registrar essa passagem de sua vida e ao mesmo tempo acha que é preciso denunciar em algum lugar que os médicos não estão todos aptos a lidar com o sofrimento humano.

Teve alta da UTI, onde estava desde que foi transplantada, e, já no quarto, conta-me que se sente fraca, "como se estivesse chegando de volta da guerra" (sic), que agora ela precisa descansar mais porque enquanto estava na UTI precisava ficar alerta o tempo todo. Chamou-me muita atenção essa expressão "como se estivesse chegando de volta da guerra". Então perguntei-lhe por que ela precisava ficar alerta o tempo todo enquanto na UTI tinha gente continuamente; e agora, que ela está mais independente das pessoas e das máquinas, vai precisar prestar mais atenção nela própria. Ela diz que tem sentido isso que eu falei e acha que o que fazia com que ficasse alerta o tempo todo era o medo de morrer.

Eu: E esse medo passou?

H. L.:   Melhorou um pouco. (Sorri.) O doutor S. é alemão?

Eu não respondo, e ela continua:

H. L.:   Eu achei que ele era eslavo. Você sabe que naqueles meus devaneios do pós-transplante eu achei que aqui tinha um complô nipo-germânico para me matar? Eu acho que na minha fantasia eu coloquei o doutor S. como sendo eslavo para que eu não ficasse tão angustiada, e achei que ele não era alemão como uma tentativa de me defender do pavor.

Eu: Sim, se você achasse que a pessoa em quem você confiava iria te matar, você estaria perdida mesmo.

H. L.:   (Ela ri.) Eu confio nele e em você. São as únicas pessoas. Quando eu via aquelas enfermeiras japonesas e quando eu via o doutor W., eu ficava desesperada.

Eu: Por que um complô nipo-germânico?

Ela pensa um pouco e me diz que acha que isso tem a ver com a guerra, com o momento do seu nascimento, quando a

Europa estava em guerra também. Ela fala muito da guerra, dos japoneses, dos alemães e dos espanhóis, e eu pergunto o que tem a ver a guerra, o momento que ela nasceu e o transplante. Ela fica meio apavorada, sem saber a resposta. Começa a chorar e diz:

H. L.: Minha mãe, ela me contava, quando foi para a maternidade para eu nascer, lá tinha quatro mulheres que estavam esperando para dar à luz e depois serem fuziladas! Fuziladas! Sabe o que é isso? (Chora demais.) Minha mãe corria com aquele barrigão, me esperando, entre os tiros!

Eu: Sim, o medo de morrer, você me falava dele há pouco.

H. L.: É verdade! (Faz um rosto de surpresa.) Eu deveria ter medo de morrer desde que nasci.

Eu: E o transplante não deixa de ser uma forma de nascer de novo.

H. L.: Incrível, Lívia! Eu reproduzi naquela UTI a guerra de quando eu nasci, porque aqui eu nasci de novo. (Chora.) Só que nasci sem a minha mãe, eu chamava por ela! Só tinha a guerra e eu estava desprotegida. Tinha só você e o doutor S.

Fica um tempo em silêncio e depois me diz que tem recebido muitas visitas. Fica emocionada com isso e com o fato de várias pessoas terem se mobilizado para saber dela, para ir ao hospital doar sangue. Ela diz que não esperava tanto das pessoas, sempre achou que foi muito sozinha, está surpresa. Conta que recebeu visita do seu ex-marido também, que eles são amigos, se dão muito bem, e que ele pagou a edição do seu livro. Ela, ao mesmo tempo que se sente grata a ele, diz: "Mas, também, ele nunca teve despesa comigo!" (sic).

Depois de uma pequena pausa ela me pergunta:

H. L.: Você sabe que tem uma nova transplantada aí, lá onde eu estava?

Eu: Sei. E você o que acha disso?

H. L.: Eu rezei por ela a noite toda; tomara que dê tudo certo. (Pausa.) Os residentes vieram brincar comigo e disseram que eu não sou mais a caçulinha, mas isso não me importa, a gente não pode ser caçulinha a vida inteira, temos de crescer.

Interrompo e marco o horário da próxima sessão.

Nesta última sessão H. L. retoma os seus "devaneios", ao falar do seu pavor de morte, e vou pontuando o seu discurso para fazer com que ela possa ressignificá-lo, pois esse pavor da morte está associado a algo de sua história também. Ela lembra das quatro mulheres que seriam fuziladas, faz a conexão imediata entre nascer e morrer. Parece que para ela dar à luz significa abandonar um filho ao sabor da morte; penso também na ideia de mãe má que ela tem sobre ela própria.

Ela fala do seu pavor de morte, castração, para se dar conta que dessa vez nasceu órfã. No entanto, coloca Lívia e doutor S. no lugar de quem lhes falta, mãe e pai, sabendo muito bem que somos apenas substitutos imaginários.

É aí, então, que ela fala de suas visitas e de sua surpresa ao saber que as pessoas de fato se mobilizaram para ajudá-la, "dar sangue" por ela. Surpresa porque sempre ficou sem saber o que realmente significava para as pessoas, quanto ela valia. O marido nunca ter tido despesas com ela quer dizer que ela nunca valeu nada? E é agora que ele tem de pagar por isso, quando ela está mostrando que vale pelo menos um livro?

Fiquei em silêncio porque, em primeiro lugar, achei que era importante que eu ficasse em silêncio quando ela me conta que me põe no lugar daquela que vem para obturar a sua *falta*. Achei que era importante não ser "recíproca" naquele momento. Ao mesmo tempo que para mim ela faz uma transferência imaginária de presença de objeto, simbolicamente eu devo remetê-la, pela presença, à ausência de objeto. É preciso que ela se defronte com sua *falta* sem "devaneios", para poder prosseguir.

E uma segunda razão para o meu silêncio foi ver por onde caminharia a sua cadeia de associações depois da constatação fundamental de que é "castrada". Vai para a questão das visitas, de surpresa, do marido, e essa questão é, em última análise: "O que afinal de contas significo para o Outro? Que queres de mim? Qual o meu lugar, o meu valor?". É também a mim, que estou transferencialmente no lugar do

Outro, que ela dirige essa pergunta. E como o Outro do neurótico é barrado, ele não responde. E é por causa da minha não resposta que ela continua a se perguntar qual é o seu lugar. Quando fala da nova transplantada, pergunta para mim se eu sei que alguém tomou o lugar dela. Como isso vem logo em seguida à questão do ex-marido, questão que também deve ter a ver com o fato de alguém ter tomado um lugar que era seu (imagino que ele deve uma outra mulher), as coisas se encadeiam em seu discurso.

H. L. sabe que perdeu lugares durante a vida, e esse de paciente mais grave do momento ela também acaba de perder. Mas ela diz que é preciso crescer! Vejamos o que acontecerá daqui para a frente.

A minha impressão é que ela não está muito conformada com essas perdas, embora possa, na maioria das vezes, racionalizá-las muito bem. Não quero dizer com isso que é preciso se conformar, acho apenas que ela tem tido duas opções: ou racionaliza para se tapear ou reage com atuações. É preciso dirigir o tratamento também no sentido de ampliar o seu "leque de opções" diante da castração que a estrutura. A meu ver, isso só se consegue mesmo num processo de análise, via transferência.

Foi assim que prossegui dirigindo o tratamento de H. L., que daí para a frente teve de enfrentar várias intercorrências clínicas, muitas delas bastante complicadas, chegando a equipe a pensar na possibilidade de operá-la novamente. Tudo isso ela enfrentou ora com compreensão (o que deixava a equipe tranquila), ora com desespero e revolta (o que voltava a inquietar por demais a equipe), mas sempre com muito sofrimento.

Apesar disso, jamais perdeu a postura crítica em relação a tudo que se passava ao seu redor, o que, naturalmente, não deixa de ser uma maneira de defender-se diante daquilo que não domina. A minha função não era a de ser cúmplice dela em sua análise crítica (de certa forma, absolutamente correta) da postura de cada membro da equipe ou da situação caótica da saúde pública no Brasil etc. Estava ali para fazer com que ela analisasse a si mesma.

Assim que teve alta, procurou-me no ambulatório da Unidade de Fígado para continuar a sua própria análise.

4.7. O efeito de uma breve intervenção na enfermaria

Descrevo uma primeira entrevista com o paciente A. D. H., internado na enfermaria. Ele tem uma cirrose hepática por vírus C, tem 44 anos e é, em potencial, um candidato a transplante. Logo que entro no quarto onde se encontra, no momento sozinho e assistindo à TV, me apresento e digo que vim para atendê-lo, que gostaria de saber sobre ele e pergunto se podemos "conversar". Ele me recebe bem e diz que sim, me pede para desligar a TV. Sento ao lado do seu leito e fico em silêncio esperando que ele me fale. Ele logo começa e diz que é de Araraquara, que descobriu há três anos que tem cirrose e que ao longo do tempo a doença vem se agravando, chegando, no momento, a um ponto crítico, de muito incômodo. Pergunto como ele chegou ao HC e mais precisamente ao nosso serviço. Ele diz que o médico dele em Araraquara conhecia o doutor X, da Unidade de Fígado, e o encaminhou para cá. Aqui foi encaminhado pelo doutor X ao doutor M, que é médico clínico. Ele me conta que aqui se sente muito bem atendido, que os médicos cuidam dele, dão-lhe atenção e dizem-lhe o que é que ele tem. Ele frisa que está sendo muito bem tratado pelos médicos daqui. Pergunto como era com os outros médicos. Ele diz que não era assim. Eles só faziam a punção quando a ascite estava muito grande, internavam para fazer o que tinham de fazer e aí mandavam ir embora. Não tratavam direito. Marca que aqui é diferente.

Pergunto como foi que se deu essa primeira internação aqui. Ele me conta que tinha uma consulta marcada com o doutor M, mas que quando chegou já estava muito mal, também com encefalopatia, e logo o doutor M providenciou a sua internação. Ele chegou a ficar na UTI da nossa enfermaria nos primeiros dias.

Então me diz que tem também um problema cardíaco. Peço que me fale do seu problema cardíaco. Diz que começou quando ele era moleque, adolescente. Ele fazia atletismo, na época morava em São Paulo e treinava no clube do São Paulo. Era muito bom no atletismo, ganhou vários campeonatos e aí parou de repente. Foi por causa dessa parada repentina que ele diz que adquiriu o problema cardíaco. Pergunto como é que ele sabe que foi por isso. Ele me diz que foi isso que os médicos lhe disseram. Pergunto por que parou de repente de treinar o atletismo. Ele me diz que porque o senhor N, o técnico dele, faleceu. E aí veio um outro técnico, que não era como o primeiro, não lhe dava muita atenção. "Ele tinha preferência por outros atletas, ele me tratava bem, com respeito, mas já não era mais a mesma coisa, e eu fui me desestimulando. Quando tinha de escalar as pessoas, ele me deixava de fora e foi me pondo de lado e aí eu saí, larguei o atletismo, desisti" (sic).

Pergunto-lhe: "Então o novo técnico não lhe dava atenção?". (É evidente aí a ligação que faço com o que ele havia dito antes: os médicos não lhe davam atenção.) Ele me responde que não e conta mais alguns episódios que justificam a sua resposta.

Pergunto do que faleceu o senhor N, o primeiro técnico. Ele me diz que de ataque cardíaco, que foi de repente. E logo ele abandonou o atletismo, ficou desestimulado, era adolescente, não sabia o que queria da vida.

Marco para ele, em tom de pergunta: "Então você perdeu de repente, por causa de um ataque cardíaco, quem lhe dava atenção e a partir daí você ficou com um problema cardíaco?" Ele diz que sim, e continuo: "E você desistiu do que lhe interessava porque não recebeu atenção, não foi escalado, foi posto de lado. Quando você se viu excluído, você decidiu por abandonar o atletismo?". Ele diz que sim.

Marco um horário para voltar a entrevistá-lo. Ele sorri, me agradece muito a atenção, e me diz: "A única coisa que preciso saber é da possibilidade de eu ir para um transplante, eu quero muito me curar disso, eu não estou mais aguentando, isso tá me matando e eu tenho medo de não aguentar". Pergunto para ele o que os médicos daqui lhe disseram sobre a possibilidade de ele ir para transplante. Ele me diz que disseram que todos os exames que ele está fazendo são para isso.

Ofereço-me para A. D. H. como lugar de escuta. A sua receptividade me faz perceber que ele desejava falar. Ele introduz falando de sua doença, que naturalmente é o que grande parte dos pacientes internados fazem. E as minhas intervenções são no sentido de relançar o seu discurso, fazendo-o continuar falando. Chamou-me a atenção o fato dele marcar uma diferença no atendimento que está tendo aqui e portanto remeto-o ao antes, para que essa diferença me faça algum sentido. Aqui ele tem a atenção dos médicos, e antes não. Aparece para mim uma primeira questão, a partir dessa primeira queixa de desatenção: por que será que as pessoas não lhe deram atenção? O que ele tem ou fez, em sua fantasia, para que as pessoas não lhe dessem atenção. O que pode acontecer com ele se as pessoas passarem a não lhe dar atenção? Mas essas eram questões minhas que acho que não caberia colocar ainda; era preciso escutar mais, ver até que ponto isso poderia se repetir. Esperei.

Aí ele me fala do problema cardíaco que, em última análise, surgiu como consequência da desatenção do novo técnico. E desatenção tem a ver, segundo ele, com exclusão, deixar de lado. O que A. D. H. ganha com a exclusão é uma doença cardíaca. Fico a pensar que fantasia ele faz para justificar a sua cirrose? Parece que diante do Outro, ao ser excluído (penso na castração simbólica), ele adoece. Provavelmente o Outro é visto como algo que lhe destrói porque não o ama. Ele me diz: "A doença está me matando, e eu tenho medo de não aguentar" (sic). Eu, por enquanto, sou aquela a quem ele agradece a atenção e demanda vida; ele quer saber sobre as possibilidades que tem de se curar. É a partir desses dados que pretendo continuar o próximo atendimento.

Fiz o segundo atendimento com A. D. H. Foi um atendimento curto. Ele estava em outro leito e no momento que fui atendê-lo havia mais um paciente no quarto e outra paciente sentada, todos assistindo à TV. A. D. H. estava nitidamente abatido, mas me recebeu bem, com simpatia.

Perguntei como ele estava. Disse-me que não estava muito bem, sentia dores e muito incômodo porque a ascite crescera muito. Perguntei como estava sendo tratado. Disse-me que estava sendo bem tratado, que o problema era mesmo a doença, que a equipe vem sendo muito atenciosa.

Perguntei se ele tem recebido visitas. Ele disse que sim, que vieram sua irmã e seu irmão. Ficou em silêncio um tempo e eu também. Emocionou-se e cobriu o rosto com o cobertor, chorando.

Perguntei o que o tinha emocionado. Disse-me que hoje não estava bem, a barriga grande incomoda demais.

Perguntei se ele era casado. Disse-me que é desquitado e tem um filho de dezessete anos. Depois casou de novo e não teve mais filhos. Perguntei sobre sua esposa, e ele me respondeu que ela estava no interior. Perguntei sobre seu filho, ao que ele respondeu que estava lá também, mas que eles não são muito próximos. Com a primeira mulher disse que se dá bem, inclusive ela veio visitá-lo.

Notando que A. D. H. não estava bem, nem muito disposto para falar, apesar do esforço que fazia para me dar atenção, resolvi deixar para continuar o atendimento em outro dia. Marquei um novo horário para voltar a atendê-lo.

Resolvi que diante da queixa do incômodo investigaria pelo lado da atenção/desatenção, de acordo com o que tinha ficado da última sessão. E foi exatamente por onde ele me respondeu que a equipe tem sido atenciosa, o que me faz pensar que se sente "abandonado", corre o risco de desistir. Por isso perguntei das visitas, no intuito de começar a investigar sobre suas relações familiares. Nesse momento ele se emociona, e eu me pergunto, não a ele: quem não lhe dá atenção? Por que eu não fiz essa intervenção? Principalmente porque me senti incomodada pela presença de outras pessoas no quarto. E achei, pelo que imagino que possa ser para ele não ter atenção, que o paciente também ficaria incomodado pela presença dos outros.

É um obstáculo para que se dê uma boa sessão a presença de outras pessoas no momento do atendimento? Em alguns momentos sim. Em outros é como se essa presença não significasse muita coisa. Depende mais do paciente e, em parte, do analista. Tem pacientes que falam muito e falam qualquer coisa na frente de outro paciente, e outros que só falam de determinados assuntos quando estão a sós comigo. Então, pode ser um empecilho, sem dúvida, e é por isso que sempre fazemos o máximo possível para atendermos o paciente sozinho, eliminando, sempre que possível, a presença de outras pessoas no quarto.

Como é que conseguimos isso? Logo no início, não foi muito fácil. À medida que as pessoas foram necessitando e valorizando a nossa presença, o atendimento ao paciente, automaticamente quando alguém da equipe entra no quarto e me vê atendendo o paciente, pede desculpa e sai para voltar depois. As exceções são quando são casos em que há necessidade extrema de cumprir a ordem médica de dar determinado remédio naquele horário. A enfermeira pede licença, entra e sai. Às vezes, o paciente continua falando, outras vezes ele para. E eu, na maioria das vezes, espero que saiam, mas às vezes, continuo, não há regras. Depende muito do caso e do momento. Outra coisa interessante que tenho observado é o movimento do paciente do leito vizinho, quando me vê entrar para atender. Na maioria das vezes ele geralmente pede licença e sai do quarto, provavelmente porque, tendo também a sua hora com a psicóloga, prefere falar quando está sozinho com ela. Quando não pode sair do leito, é comum que pergunte se está atrapalhando, tanto quanto deve se sentir atrapalhado pelo vizinho na sua hora de falar. Geralmente, quando o paciente não está sozinho e pode levantar-se, eu o convido para atendê-lo lá fora, em outro lugar. Tomei como norma para mim nunca pedir ao paciente do lado para se retirar, pois acredito que é direito dele ficar onde quiser e puder. O incômodo de estar ali não é dele, porque quando é, ele sai.

No horário combinado para o próximo atendimento, A. D. H. não estava no leito, havia tido alta na noite anterior.

Então, com A. D. H. eu havia feito dois atendimentos, que a princípio, pensei, não deveriam ter causado nenhum efeito terapêutico. Poder-se-ia questionar a utilidade desse tipo de atendimento, mas hoje posso afirmar que a utilidade e o efeito desse tipo de atendimento só se sabe *a posteriori*. Isso já aconteceu várias vezes, a gente tem um ou dois contatos com o paciente e, quando "por acaso" ele volta, acontece de procurar por "aquela doutora que da outra vez conversou comigo, a psicóloga", demandando escuta. Então, esses atendimentos prévios funcionam como uma referência anterior a qualquer coisa que possa vir a acontecer depois.

No caso específico de A. D. H., o que ficou marcado foi a questão dele com a atenção/desatenção e a possibilidade de ter um espaço para falar dele. O que vai acontecer, se é que algo mais vai acontecer, depende do futuro. Se ele não voltar, se nunca mais a gente se encontrar, provavelmente os nossos dois encontros vão servir para fazê-lo lembrar que um dia uma psicóloga se propôs a escutá-lo com *atenção*, ou talvez isso fique "esquecido" em algum lugar de sua memória. Até onde eu pude atuar, eu o fiz. Essa é uma característica do nosso trabalho na enfermaria. Precisamos levar em conta as limitações dos encontros, embora, às vezes, essas limitações sejam transpostas pela demanda e pelo desejo de análise do paciente, que, ao ter alta, volta a nos procurar na Unidade para dar prosseguimento ao trabalho começado na enfermaria.

No caso específico de A. D. H., por volta de um mês depois de sua alta, ele me procurou no ambulatório da Unidade de Fígado dizendo que não estava nada bom, que além disso estava muito nervoso e lembrou de vir falar comigo. Naquele dia eu não tinha horário disponível, mas terminei criando um tempo para escutar A. D. H., que por sua vez me agradece a *atenção* e fala de seu pavor de não suportar a espera do novo órgão para que se dê o seu transplante. O seu estado clínico se agravara muito, e as relações familiares estavam complicadas demais. A. D. H., em sua corrida contra o tempo, retorna comigo algumas vezes, dizendo-me que falar o acalmava. Mas numa dessas vezes A. D. H. piorara muito e foi internado novamente. Na enfermaria continuamos o trabalho, mas no dia do próximo atendimento cheguei e não vi A. D. H. em seu leito. Ele não havia resistido; falecera naquela manhã.

Ali terminara a minha intervenção, que, a princípio, tivera uma eficácia duvidosa, mas, quando A. D. H. retornou, entendi que a eficácia de uma intervenção analítica pode não ser imediata; muitas vezes podemos até não saber do seu efeito, e é preciso tomarmos muito cuidado, ao afirmar que ela não teve efeito algum.

4.8. A impotência do discurso analítico

A equipe de enfermagem havia solicitado, com uma certa urgência, atendimento psicológico para o paciente T. B. P., alegando que ele estava choroso e deprimido, e havia dito que queria conversar com uma psicóloga. Fui atender T. B. P. pela primeira vez. Esse paciente já deveria ter sido atendido por uma de nós antes, mas como estamos sobrecarregadas e com falta de pessoal, combinamos com a equipe que, temporariamente, se houvesse alguma urgência, atenderíamos por solicitação, enquanto tentávamos regularizar a situação. Antes o combinado era que, independente da solicitação, todos os pacientes seriam pelo menos entrevistados pela Psicologia.

T. B. P., cinquenta anos, foi transplantado e quase morreu. Não chegou a acordar, foi de novo transplantado, pois o primeiro fígado não funcionou. Depois do retransplante ficou entubado alguns dias e, quando foi extubado, apresentou novas intercorrências e sofreu mais duas cirurgias. Agora está equilibrando.

Ao chegar me apresentei e disse que estava ali para saber dele. Ele me recebe muito bem, sorrindo, e diz que está deprimido. Perguntei o que era que ele queria me dizer com *deprimido*. Ele então passa a me explicar que uma pessoa fica deprimida quando as coisas atrasam na vida. Eu digo que não entendi, e ele se põe a me explicar: "Por exemplo, quando a senhora programa alguma coisa e essa coisa não dá certo é um atraso, e a senhora fica deprimida. Se a senhora quer tomar um banho, vai e o chuveiro está quebrado, a senhora não consegue tomar o banho. Isso é um atraso e a senhora fica deprimida" (*sic*).

Pergunto-lhe o que foi atraso na vida dele para que ficasse deprimido. Ele me diz que veio ali para fazer uma cirurgia e fez quatro. Que está muito cansado, não aguenta mais, todo dia aparece um problema. Pergunto por que foram necessárias tantas cirurgias, a fim de saber o quanto ele está a par de sua real situação. Fica evidente que não sabe explicar, pois ele se atrapalha e se queixa da situação, não respondendo à minha pergunta.

Nesse momento uma enfermeira me pede licença, pois precisa aplicar uma medicação injetável que só pode ser naquele horário. Ele fica nitidamente irritado e começa a me dizer que todos os dias deve tomar umas "cinco, seis, dez picadas... não aguento mais isso!" (*sic*).

Pergunto quanto tempo esperou pelo transplante e como foi saber que precisava do transplante, como começou a doença. Ele me diz que foi muito rápido, que o médico lhe disse que poderia esperar um mês ou um ano, que poderia demorar muito ou não, e que o tipo de sangue dele era muito raro, por isso podia demorar ou não. De fato, uma semana depois ele foi chamado, foi muito rápido. A sua doença, segundo ele mesmo, começou há mais ou menos um ano, "o fígado já não estava funcionando muito bem, e aí eu comecei a ter delírios, eu não sabia mais o que estava fazendo" (sic). Pergunto o que são delírios e como eram os seus. Ele ri e diz que delírio é fazer as coisas e não lembrar depois, e que ele não lembra para me contar. Pergunto se foi só a partir da doença do fígado que ele fez as coisas sem saber o que estava fazendo e *não* lembrando de nada depois. Ele me diz que sim.

Pergunto o que foi que ele achou quando soube que ia ter de fazer um transplante. Ele me diz: "Eu arrisquei tudo, o que eu queria era viver, se me dissessem que eu só tinha vinte por cento de chance para viver, mesmo assim eu ia querer' (sic).

Pergunto se ele acha que deu tempo suficiente, em uma semana, para se organizar com a ideia do transplante. Ele ri, meio esquisito (essa foi a minha sensação quase que o tempo todo que o entrevistava) dizendo que o que ele queria era viver.

Pergunto onde e com quem ele mora. Ele continua sorrindo e me diz que mora "com um bocado de gente, cunhado, irmã, sobrinho, filho, mulher, todo mundo num mesmo quintal, tudo pertinho... É estranho, não é?" (sic). Pergunto o que é estranho. Ele diz, sorrindo, que ele é estranho. Eu pergunto por que ele se acha estranho, o que é que significa alguém ser estranho. Ele continua sorrindo e diz que é diferente. E eu: "Então você se acha estranho, diferente e deprimido?" Em dúvida, ele me responde que sim, com a cabeça.

Marco um novo horário para o próximo atendimento.

Nesse caso, a primeira coisa que me chamou a atenção foi o fato de o paciente estar sorrindo, pois eu havia sido solicitada para atender alguém choroso e deprimido. Além disso, achei curioso o fato de ele ter se definido como deprimido. Ficou claro para mim que o que ele estava chamando de depressão poderia ser outra coisa diferente do que eu entendo por depressão. Por isso perguntei o que ele entendia por depressão, e foi quando surgiu o significante atraso. Guardei isso, a relação do atraso com o que ele chama de depressão. Ele fala de um atraso, relaciona isso com a sequência de cirurgias, sua impaciência, seu cansaço; mas deve ser de algum outro atraso que ele está me falando. Esse paciente está muito mais agressivo do que deprimido, fenomenologicamente falando. E relacionei isso com a ideia prévia que ele deveria ter feito sobre o transplante, por isso comecei a perguntar sobre a espera. Sem dúvida esse paciente não deve ter tido muito tempo para elaborar a questão do transplante. Como ele mesmo disse, o tempo de espera foi só uma semana. Eu havia perguntado quanto tempo ele achava que iria esperar, e ele me disse que um ano. Provavelmente a ideia que ele fazia é que iria para uma cirurgia, salvaria sua vida e tão rápido quanto foi transplantado, voltaria para casa. Aí podemos pensar que há um atraso na sua programação. T. B. P. não contou com os previstos "imprevistos".

Sobre os "delírios", acredito que ele deve estar falando de episódios de encefalopatia, mesmo porque um psicótico não fala do seu delírio como um delírio, ele acha que aquilo é a verdade. Quem conta que tem delírio é o neurótico.

Então eu acho que pontos a serem melhor investigados com esse paciente são: a sua história com a doença, o que ele sabia sobre o transplante, que fantasia ele fez a respeito disso e que fantasia ele faz por esse "arrisquei tudo pela vida" não ter dado cem por cento certo. De onde ele tirou vinte por cento de chance de viver, já que teoricamente a chance é cinquenta por cento? O que é o estranho para ele, nele? E por que é quando me fala com quem mora que ele me diz que é diferente? De que diferença, estranheza, ele está me falando?

Antes do dia combinado para voltar a atender T. B. P., vários membros da equipe (médicos, residentes e enfermeiras) haviam me solicitado para atendê-lo, pois ele se achava nitidamente deprimido.

Então fui atendê-lo com a intenção de ver o que estava se passando. Só o que estava claro para mim era a preocupação da equipe.

Ele me recebe sorrindo, porém visivelmente abatido, desanimado. Pergunto como ele está. Ele faz um gesto dizendo que mais ou menos. Pergunto se ele se lembra de mim. Responde que sim e que não é necessário relembrar.

Eu: Relembrar o quê?

T. B. P.: O que a gente já falou, eu lembro.

Eu: Você tinha me dito da história do seu transplante, da sua doença, e começou a me falar um pouco da sua família. Fale-me mais sobre isso, T. B. P.

T. B. P.: O que você quer saber?

Eu: De você.

T. B. P.: (Ele parece meio confuso.) Eu tenho quatro filhos, um mora em casa, vou ver se eu coloco um mercado para ele, porque eu mesmo não vou mais poder trabalhar (faz uma feição de desgosto).

Enfim, de maneira muito confusa T. B. P conta um pouco dos seus quatro filhos, todos casaram, um está separado e voltou a morar com ele, o outro é casado e mora com ele também, é o único que não tem muita independência financeira e que portanto ele acha que precisa ajudar. No mercado que vai pôr para o filho, ele pretende ajudar um pouco, mas não "dar duro", isso ele fez a vida inteira e agora não pode mais.

O paciente parece, além de confuso, estar muito irritado. Quando encerrei a entrevista marcando um novo horário para atendê-lo, ele me pergunta:

T. B. P.: E você, não fala nada de você?

Eu: O que é que você quer saber de mim?

T. B. P.: (Ele sorri.) Ah, só eu que falo! Você não fala de você?

Eu: O que você gostaria de saber de mim?

T. B. P.: Não sei, da sua vida...

Eu: Mas o que é que está te deixando curioso, o que você está imaginando?

Nesse momento entra alguém da enfermagem no quarto e antes que a enfermeira se retirasse, já me levantei e disse-lhe:

Eu: Tá bom, vai pensando o que você quer saber e depois você me fala, tá bom?

T. B. P.: Que horas você entra?

Eu: Não tenho hora para entrar, mas é por volta do meio-dia que virei te atender.

T. B. P.: Tá bom, tchau.

Foi um atendimento difícil, tinha horas que eu ficava em dúvida se ele estava sabendo mesmo quem eu era, mas depois quando ele começou a falar e fez uma referência ao fato de eu ser psicóloga, me certifiquei mais. Só que acho que tem alguma coisa estranha, que eu não sei dizer exatamente o que é. Ele está meio confuso, às vezes fica disperso, outras vezes fala normalmente, parece irritado. Pensei na possibilidade de esse paciente ter alguma lesão cerebral, ou algum fator orgânico (neurológico) poderia estar determinando esse quadro confuso. Sugeri à equipe que avaliasse isso melhor.

Sobre ele mesmo, a única coisa que fica clara a partir de sua fala é que está impossibilitado de fazer o que fazia antes, e isso ele chama de "trabalhar". Preciso investigar melhor sobre o que é que ele fazia antes e que agora ele perdeu a possibilidade de fazer. Outra coisa é que se por um lado ele se coloca como impotente, por outro é ele quem vai ajudar um filho dependente. Ao mesmo tempo que ele não pode mais, ele pode.

Curiosamente, quando encerro a sessão ele me pergunta sobre mim. Há aí um interesse, e eu acho que isso pode ser uma possibilidade de gancho transferencial para que venha a acontecer um processo terapêutico. Ao mesmo tempo que isso tem um caráter resistencial do tipo "fale de você porque eu não quero falar de mim", tem também o lado positivo do despertar um interesse por algum "novo" objeto; se se trata realmente de uma depressão, a partir do momento que ele se interessa por algo fora, isso pode ser um sinal clínico positivo.

No dia combinado, procurei T. N. P. para atendê-lo, mas ele havia descido para exames. Os residentes me disseram que ele está muito deprimido e que precisa de atendimento psicológico. No dia seguinte, recebo vários recados dos residentes para ir atender T. B. P., pois ele estava péssimo e deprimido. Era até curioso porque qualquer membro da equipe que me encontrava no corredor perguntava se eu já tinha ido atender T. B. P.

Então, fui atendê-lo e ele não estava no quarto. Perguntei para os médicos por ele, e me disseram que, de novo, ele tinha descido para fazer exames e que não sabiam que horas o paciente retornaria, mas que ele estava bastante deprimido e que tinham resolvido prescrever um antidepressivo, o Tofranil, 25 mg ao dia.

Mais um desencontro, e resolvi que viria no final de semana para atendê-lo.

Fiquei pensando que, se eles solicitam a toda hora o meu atendimento, deveriam se preocupar em deixar o paciente à disposição para as horas que eu me dedico à enfermaria. Mas já que é assim, acredito, então, que, no momento, os exames que o paciente foi fazer devem ser mais urgentes que o atendimento comigo. Talvez fosse importante que eu esclarecesse mais sobre os horários que estou na enfermaria; mas acho que não é esse o problema, disso eles sabem. Eu desconfio que estão achando que deve ser alguma coisa neurológica mesmo que está causando o quadro do paciente, e eles pedem a Psicologia como mais uma via de investigação, do tipo "se a gente não encontrar nada, então é psicológico", mas enquanto há a possibilidade de encontrar mais alguma coisa, o parecer da Psicologia não é assim tão fundamental.

Isso é uma hipótese minha, evidentemente. E faço essa hipótese também a partir desses desencontros.

Já constatei algumas vezes que a presença do "psi" é importante para o médico na medida em que garante que não foi a sua investigação que foi falha, mas é que o problema estava em outro registro que não o orgânico. Acho que a Medicina Psicossomática surge para reduzir essa sensação de impotência dos médicos perante o fracasso da investigação de causas orgânicas para os fenômenos, ao mesmo tempo que isso serve para confirmar a separação mente-corpo.

A minha ideia é que se tem um aspecto orgânico determinando um quadro (e muitas vezes se diz que não tem nada orgânico simplesmente porque não se teve como detectar isso), isso não impede que o paciente faça uma ideia ou tenha um sentimento com relação ao que lhe acontece. O que se passa a nível do corpo tem uma correspondência psíquica, ainda que esse orgânico afetado seja o cérebro, a não ser que o efeito seja tal que impossibilite o sujeito de manter uma relação, de pensar. Nesses casos, não há possibilidade lógica de se pensar numa intervenção analítica, evidentemente.

O que pretendo com T. B. P. é escutá-lo, mas não estabelecer para os médicos uma relação de causa e efeito para explicar a sua depressão. Se com essa escuta ele vier a sair da depressão, ótimo! O que não posso é afirmar algo sem saber o que estou dizendo, apenas para tranquilizá-los porque não entendem a depressão do paciente e se angustiam com isso. Não cabe ao analista imputar causas psíquicas, diferenciando-as das causas orgânicas. Isso seria atuar referenciado no discurso médico. Não podemos esquecer que o psíquico também é orgânico e vice-versa.

Dizer para um médico: "Sim, a causa é psíquica" é o mesmo que dizer: "Sim. Você continua sendo mestre na sua área e eu na minha também sou". Mas isso não é verdade, primeiro porque se amanhã eles (que evidentemente vão continuar investigando as causas orgânicas para um determinado quadro – porque ninguém deve pensar que eles realmente acreditam na "causa psíquica"), por fim, descobrem a causa orgânica do quadro, a palavra do "psi" cai no descrédito. E segundo porque não podemos aceitar o diagnóstico "psi" por exclusão do diagnóstico médico. Nós realmente tratamos de uma outra ordem, e não temos de cair nessa "armadilha médica" das *causas psíquicas* X *causas orgânicas*, que podemos traduzir, respectivamente, por "impotência X potência" do discurso médico. É fundamental distinguirmos "causa psíquica" de diagnóstico psíquico.

Enfim, no fim de semana, consegui atender T. B. P. Ele estava sozinho no quarto, todo encolhido na cama e aparentemente dormia. Quando eu o chamei ele abriu os olhos e olhou para mim, e logo observei que os seus olhos estavam bastante inchados e inflamados, mal ele conseguia mantê-los abertos. Perguntei como ele estava, e ele me disse que estava no fim, que não tinha mais jeito. Falava com os olhos fechados, mas falava. E perguntei-lhe:

Eu: Como no fim? No fim de quê?

T. B. P.: Eu, eu não tenho mais jeito, vou morrer. Eles não têm mais o que fazer comigo, é sair daqui para o cemitério.

Eu: Por que você está me dizendo isso?

T. B. P.: Porque eu sei que é isso.

Eu: Quem te disse isso?

T. B. P.: Ninguém, eu sei disso.

Eu: E se não for isso? E se você não morrer, como é?

T. B. P.: (Aí ele me olha.) Se eu sair daqui para casa vai ser pior porque eu vou dar mais trabalho ainda, eles vão ter de resolver velório, cemitério. Aqui, pelo menos, dá menos trabalho.

Eu: Então se você não morrer você vai dar trabalho para as pessoas. (Ele desvia o olhar de novo.)

T. B. P.: Se eu não morrer no hospital, vou. Eu sei, eu tenho certeza que acabou.

Eu: E se você melhorar?

T. B. P.: Você está dizendo isso para me estimular, para me animar, você é psicóloga.

Eu: E você acha que a função de psicóloga é animar?

T. B. P.: (Olha de novo para mim.) E não é? Você não é médica, você não sabe como é o meu caso mesmo; eles sabem, eles não estão dizendo porque eles querem esconder.

Eu: Então os médicos estão te enganando e eu estou querendo te animar?

T. B. P.: O que é que faz o psicólogo?

Eu: Quero escutar e entender o seu pensamento, não estou entendendo de onde você tirou essa certeza de morte. É isso o que você quer, morrer?

T. B. P.: Não. (E fecha os olhos como quem não quer mais falar.)

Eu: Você me disse que apostou tudo na vida e agora parece que está apostando na morte?!

Ele não me responde absolutamente mais nada, fica mudo e imóvel como um morto.

Espero um pouco e saio, ainda dizendo para ele que voltarei para atendê-lo. Ele não responde nada.

Esse foi um atendimento difícil. Eu estava diante de um paciente que me contava sobre a certeza de sua morte. Eu não sei por que não acreditei muito nessa certeza, nessa convicção. Certeza eu tive em outros casos, quando os pacientes ainda apostavam na espera do transplante, para falar da morte que viria em breve. Eu acho que o neurótico duvida da morte até o fim. Mas T. B. P. me conta de uma certeza, e não tenho muitos dados de sua história para saber o que é que está se atualizando nessa certeza. O pouco que o atendi me faz pensar que ele não quer morrer, como ele me confirma na última palavra que me dá, nesse atendimento. No entanto, eu não devia duvidar tanto dessa certeza, pois ele poderia estar me falando simplesmente que estava morrendo e sentia isso. Talvez fosse isso que eu não estivesse querendo escutar.

Teve momentos que tive a impressão que T. B. P. não estava ciente do que dizia, mas depois achava também que isso não era o mais importante, porque, ciente ou não, ele falava.

Então, tento organizar esse atendimento confuso: há uma certeza de morte, há uma preocupação em dar trabalho se ele continuar vivo, mas é um "dar trabalho" enquanto morto, o que fecha a via de possibilidade dele se ver enquanto vivo.

O que fazer? Questionar essa certeza? Foi o que tentei tirar e nesse momento tive a oportunidade de saber em que lugar T. B. P. me coloca, no lugar de quem *não sabe da verdade* e por isso tenta animá-lo.

O fato é que ele me põe num lugar de onde a minha palavra, a princípio, não tem valor. O Outro, para T. B. P., está aí para enganá-lo. O que isso tem a ver com a sua história, eu não sei. Mas de qualquer forma voltarei para continuar atendendo, embora já estivesse claro que a minha intervenção não teria nenhum efeito analítico, não só pelo lugar em que eu estava colocada pelo paciente, mas também porque esse é um paciente que, confuso, podia ter um problema orgânico-cerebral e que, como ele mesmo disse, estava morrendo. Deparo-me, nesse caso, com a impotência do discurso analítico.

Entre um atendimento e outro, fui procurar um dos médicos da equipe para saber como estava o quadro clínico do T. B. P. Ele me disse que havia chegado o resultado da ressonância magnética do cérebro e que tinha dado uma alteração importante, mas o diagnóstico ainda não estava claro. Mostrou-me o exame e disse que a principal suspeita é de uma *toxicoplasmose* e que isso também justificaria a infecção nos olhos. Disse-me ainda que esse era um quadro que tinha como consequências, entre outras, alteração de nível de consciência e distúrbios de comportamento. Perguntei como isso seria tratado e se ele estava correndo risco de vida. Ele me disse que não sabiam ainda como tratar, também porque ainda não tinham certeza do que era, realmente. Mas que ele não estava, pelo menos por enquanto, correndo risco de vida.

Eu disse que não tinha muitos dados seguros para acrescentar porque não tinha atendido o paciente antes do transplante e que portanto tinha poucos recursos para intervir e entender de onde vem o que T. B. P. fala, porque mesmo que ele esteja com a consciência alterada, o que ele fala, ainda que pareça qualquer coisa, tem algum sentido que a gente não consegue captar com facilidade, pois quando comecei a atendê-lo o quadro já estava bastante comprometido. Ele concorda e acentua a necessidade do nosso atendimento antes do transplante.

Nesse momento um outro médico chega e me diz que estou sem recursos para lidar com o paciente, pois trata-se mesmo de um quadro orgânico e vai buscar as chapas de ressonância magnética para que eu veja. Disse ainda que agora o urgente era solicitar um infectologista para identificar o mais rápido possível que "bicho" era aquele, pois do contrário estaríamos perdendo o paciente.

Diante disso, a minha primeira reação foi ficar tranquila, como se a minha impotência diante daquele paciente estivesse justificada e perdoada por mim mesma. Mas imediatamente me dei conta de que essa divisão *orgânico* X *psíquico* é algo que venho pensando como uma maneira que os médicos encontraram para se livrar de sua impotência quando não encontram fatores orgânicos que justifiquem o quadro que eles assistem. Dei-me conta que eu também estava me valendo dessa mesma divisão para aliviar a minha impotência. Que interessante! Como é fácil cair nessa "arapuca"!

Tendo isso claro, eu continuava pensando que, consciente ou não, o que ele fala tem sentido, assim como tem sentido um sonho confuso. Mas seria porque tem um "bicho" na cabeça do paciente, que então eu deveria deixar de atendê-lo, de escutá-lo? E fiquei a me perguntar: para quê? Será que tem alguma eficácia terapêutica esse atendimento? Será que o paciente tem como elaborar o que diz, o mínimo de compreensão possível? Não, acho que não, no momento, não. Mas acho também que isso não invalida os nossos contatos, por duas razões: primeiro que isso pode ser ressignificado depois, e segundo que eu tenho como obter mais elementos do discurso do paciente, ainda que só possa utilizá-los num outro momento.

Isso é a mesma coisa de querer atender um paciente em coma, que não vai entender nem escutar nada? Não, a diferença é que o paciente em coma não fala, e se eu fosse atendê-lo isso não teria a menor utilidade. Mas acredito que um quadro neurológico que não impede a fala do paciente, não deve também impedir o atendimento, ainda que isso não tenha um efeito claro. Tenho tido experiências interessantes nesse sentido, escutado pacientes em encefalopatia, que, quando o quadro passa, podem retomar e analisar o que falaram quando estavam "fora de si". Tenho escutado que é de si mesmo e sua relação com o Outro que eles falam quando estão "fora de si".

Enfim, não é porque tem um "orgânico" que se vai deixar de escutar o "psíquico", embora a dificuldade muitas vezes leve o profissional "psi" a desistir por esse motivo e, o que é mais importante, estimulado pelos médicos.

Depois disso diagnosticado, como era de se esperar, as solicitações para que eu atendesse T. B. P. diminuíram muito. Apenas um médico me pediu que continuasse atendendo-o, e, no seu pedido, não pude deixar de escutar, se inclui um *ato falho* espetacular: "quadro do paciente é deprimente... quer dizer, ele está deprimido" (*sic*).

Não pensei em momento algum, apesar de tudo isso, em deixar de ir, se não atendê-lo, pelo menos assisti-lo. Mas o fato é que toda vez que eu ia ao seu encontro ele não estava no quarto, pois havia descido para fazer novos exames, embora a situação estivesse inalterada. Dias depois consegui encontrá-lo sozinho em seu quarto. Ele estava deitado e, quando me vê, sorri, e pergunto:

Eu: Como você está, T. B. P.?

T. B. P.: Eu estou ótimo... (faz uma pausa e eu reparei que ele parecia confuso) ...de saúde, estou bem, pode fazer perguntas mais difíceis ou é melhor não perguntar nada.

Eu: Como perguntas mais difíceis?

T. B. P.: (Ele está sonolento e confuso.) É.

Eu: Mas vim aqui para você me dizer como é que você está, porque da última vez você me dizia que tinha certeza que estava morrendo.

T. B. P.: Eu estou melhorando, tenho vontade de ficar melhor, mas eu penso em morrer quando pioro.

Eu: Você lembra do meu nome?

Ele me disse que não, faz um esforço e não lembra. Eu digo que sou Lívia, psicóloga, que tenho vindo aqui mas nunca o encontro, ele está sempre fazendo exames.

T. B. P.: Eu não me lembro de ter ido fazer exames, só se eu fui dormindo. Eu fiquei cego desse olho, não enxergo nada, esse transplante me deixou cego, só essa ressonância magnética eu já fiz duas. Sente aí, pegue uma cadeira.

Sorri para mim e fecha os olhos. Pergunto se ele tem tido visitas. Ele me diz que sim, que teve visitas hoje e vai ter amanhã. Que quer visitas. E volta a adormecer.

Eu sei que hoje ele não teve visitas. T. B. P. está confuso. Saio do quarto dizendo que voltarei depois. Ele abre os olhos, me agradece e adormece de novo.

A impressão que me ficou é que ele está confuso e não sabe o que diz, nem fixa o que eu digo. Seu discurso é contraditório, e ele não tem condições de perceber isso.

Como intervir? Aliás, em que intervir? Acho que esse atendimento só tem sentido se eu guardar o que escutei para algum outro momento. Não há demanda para que uma intervenção seja eficaz. Mas fiquei me perguntando: por que ele me pediu para pegar uma cadeira e sentar, para em seguida fechar os olhos? Não sei, e nem sei se eu teria de fato como saber. Talvez, só depois.

Após esse atendimento com T. B. P., procurei o médico para saber como estava o quadro clínico dele. Ele me disse que por volta do meio-dia ele teve uma convulsão importante e que ninguém sabia ao certo o porquê: estavam pensando em biopsiar o cérebro. Segundo ele, o quadro está se agravando cada vez mais.

Fiquei assustada quando me dei conta que tinha ido atender um paciente que, por razões ainda desconhecidas, acabara de convulsionar. Isso me explica a confusão que percebi na fala do paciente e me faz acreditar que ele não fixara mesmo nada do que conversamos. A questão que fica é a da validade e da eficácia desse atendimento. Até que ponto isso tem valor? Valor terapêutico, acho que nenhum. A única utilidade talvez seja teórica, que é no sentido de saber o que diz o paciente num estado de consciência rebaixada. Isso pode ter valor futuro, mas agora, nenhum. Não pode haver processo terapêutico sem demanda, e acredito que um paciente não demande análise quando não tem "cérebro" para isso. Enfim, são questões a serem pensadas e discutidas.

Dias depois, T. B. P. veio a falecer.

4.9. Quando a limitação está no analista: a impossibilidade da escuta

R. M. é uma paciente de vinte anos, tem cirrose hepática e necessita urgentemente de um transplante. Conheci a paciente na enfermaria, e nas primeiras entrevistas ela teve a oportunidade de me contar a história de sua doença, de sua família, de sua vida. O seu quadro clínico evoluiu com uma piora acentuada, encontrando-se agora num momento delicado, pois sua doença está bastante avançada, e a paciente está prestes, sem saber, a não mais ser candidata ao transplante, já que o risco da cirurgia passa a ser maior que o benefício.

Especificamente hoje, R. M. está muito mal. Antes de ir atendê-la, pois havia dito a ela que voltaria para atendê-la naquele horário, perguntei para os médicos sobre o seu caso, e eles me disseram que era terminal, que não iriam investir mais nada.

R. M. estava muito assustada, sua boca estava suja, pois seguidamente ela vomitava sangue. Quando eu entro no quarto ela me diz:

R. M.: Doutora, eu tive um pesadelo, doutora! Eu sonhei que tinha um homem aqui perto de mim, doutora, que ele me agarrava, doutora, tinha um homem aqui na minha cama, doutora; doutora, eu vou vomitar.

Ela vira para o lado, e eu chamo a enfermeira para ajudá-la. Depois, ela continua:

R. M.: Doutora, o transplante demora muito, doutora?

Eu: Por que você está me perguntando isso?

R. M.: Porque eu tenho de fazer o transplante, mas eu não sei se eu aguento esperar, demora muito, doutora?

Eu: Às vezes demora, outras vezes não, R. M. Depende de tantas coisas, você já perguntou isso para os médicos?

R. M.: Já. Eles disseram que não sabem direito. Demora meses?

Eu: Às vezes sim.

R. M.: Demora mais de ano?

Eu: Às vezes sim.

R. M.: Eu vou aguentar.

E vira para o lado para vomitar mais sangue. Despeço-me e saio do quarto com a convicção de que R. M. estava morrendo. Lembrei dos atendimentos anteriores que tive com ela, que não foram muitos, mas onde ela me contou episódios de sua história e da história de sua doença. Ela tem vinte anos e ia casar em maio, quando em janeiro, no seu chá de cozinha, ela bebeu, embora soubesse que não podia beber, e logo depois disso o seu quadro se agravou muito, progressivamente. Tentei investigar mais a sua história, mas R. M. nunca chegou a demandar análise. Não fazia questões e falava apenas do seu estado, no momento. Acho que nos poucos atendimentos que tivemos funcionei para ela como uma possibilidade de desabafo, e acho também que isso não foi pouco, na medida em que sua angústia era muito grande.

No atendimento de hoje, mais uma vez me ofereci para escutá-la e achei interessante que logo que ela me viu ela me fala de um sonho, ou melhor, segundo ela, um pesadelo. Que pesadelo foi esse? Não sei mais do que ela me contou. Sei apenas que ela tinha angústia e que essa angústia era angústia de morte porque foi isso que ela me perguntou logo depois que vomitou: "Quanto tempo mais que vou aguentar viva?"

Penso que o fato de saber que os médicos não iam mais investir nada me influenciou hoje, no sentido de me fazer desistir de escutá-la, presenciando os seus vômitos. É como se eu também resolvesse não investir mais. Por outro lado, tenho de reconhecer que algo naquela cena me mobilizou muito e foi difícil permanecer ali por aqueles minutos. Já suportei melhor outras situações na enfermaria, talvez piores que essas.

Enfim, acho que diante de um paciente "terminado" tem de se oferecer escuta, ainda que não se possa intervir no sentido de transformar nada, mas se ele demanda, o que se pode (quando se pode!) é escutar. Não sei mais o que ela me diria após o segundo vômito, eu saí do quarto, acho que por uma limitação pessoal. A rigor, a sessão não havia terminado, foi interrompida pelos vômitos dela e pelo meu mal-estar.

Isso é para mostrar que o analista não consegue intervir se é invadido pela sua pessoa, não importando muito o fato de ele estar no consultório ou no hospital.

No dia seguinte, tendo tentado analisar a minha própria limitação, procurei R. M. para atendê-la, e ela não estava no quarto. Por incrível que pareça, ainda achei que ela teria sido transferida para a UTI, mas logo os médicos me disseram que, como já esperávamos, R. M. tinha falecido. E eu já não podia fazer mais nada.

4.10. Sobre a falta de demanda de análise: o caso de um paciente perverso

C. T. está internado na enfermaria, tem uma cirrose hepática de etiologia alcoólica, é considerado pela equipe como um paciente "insuportável", e fui solicitada para atendê-lo por isso. C. T. é jornalista, o seu estado clínico é grave, e só poderia salvar-se caso viesse a ser transplantado.

Discute-se a validade do transplante para alguém que não se propõe a parar de beber após a cirurgia, e afirma isso categoricamente perante todos os membros da equipe. Fui solicitada para dar meu parecer sobre a validade do que ele está dizendo, já que ficam todos absolutamente espantados diante de alguém que não se poupa de honestidade diante do poder de decisão do médico.

Apresento-me a C. T. Ele me recebe bem e, parecendo estar amedrontado, me diz que acha que está morrendo. Pedi que me falasse a respeito dele próprio, e ele me diz que nunca fez análise antes: "Hélio Pellegrino, meu amigo, disse que eu não precisava fazer análise, mas se você quiser ser minha analista, não tem problema não, pode me procurar, depois eu te dou meu endereço, eu moro no Rio" (sic).

Por alguns instantes pensei estar escutando um psicótico, mas, de qualquer forma, ao longo das entrevistas, fui esclarecendo melhor e me dei conta que assistia ao processo terminal de um perverso, que apesar de estar sofrendo porque ali perdia a sua vida, jamais perdeu a "convicção" ou o desejo de continuar sendo o centro de interesse do mundo.

Coloca-me no lugar de quem está ali porque tem interesse por ele; conta-me inúmeros episódios de sua vida, querendo fazer, o tempo todo, com que eu acreditasse que a verdade sempre esteve do lado dele, não tendo nunca necessitado de ninguém para confirmar nada do que pensasse ou concordar com nada do que quisesse. Quanto aos obstáculos intransponíveis, ele tinha um jeito muito especial de reduzi-los pensando que estava eliminando-os por completo: bebia. E bebia muito. A sua relação com a bebida era de extrema dependência, e necessitava dela para continuar vivo, já que o mundo não coincidia exatamente com o que ele achava que era o mundo, já que as leis não eram exatamente tão válidas para serem impostas quanto eram as leis que ele mesmo criara.

A questão é que era pelo mesmo álcool do qual ele necessitava para estar vivo que ele estava agora morrendo.

Ao longo dos atendimentos a equipe se queixa para mim e diz que C. T. não obedece a nada, quebra todas as regras que lhe são impostas e dizem respeito ao funcionamento da enfermaria e ao seu tratamento. Come escondido (provavelmente conseguia seduzir a sua mãe para trazer-lhe comida, e esta trazia) e foi pego fumando tranquilamente dentro da UTI, não se incomodando nem um pouco com o incômodo do paciente vizinho, chegando a dizer que não compreende bem por que não pode fazer ali o que tem vontade de fazer.

A equipe de Enfermagem se desespera, pois tem de estar o tempo todo com ele, e interpreta o comportamento de C. T. como luxo, só porque ele é famoso.

Impossibilitada de intervir analiticamente na estrutura psíquica de um paciente perverso – que jamais demandará análise enquanto pensar que eu é que o desejo como paciente – achei que era preciso intervir no sentido de esclarecer para a enfermagem que ali estávamos diante não de um famoso desobediente, mas de um sujeito extremamente doente, e que a sua doença mais grave consistia no fato de estar doente e não demandar ajuda de absolutamente ninguém. Se ele *pede* para ser transplantado, é exatamente porque não sabe transplantar a si próprio.

De alguma forma, isso por um lado as deixa mais preocupadas, mas por outro lhes permite trabalhar com menos raiva, com menos ansiedade.

Impotente diante do perverso que não demanda análise, achei que não deveria nem continuar indo atendê-lo, pois a minha oferta jamais criaria uma demanda, e o meu trabalho seria inútil. Mas continuei indo, e aí é preciso dizer, a título de curiosidade, porque não é muito fácil termos oportunidade de nos deparar com uma estrutura que é tão rara em nossa clínica.

Continuei indo no papel de espectadora. C. T. estava morrendo, e a equipe assistia à sua morte.

Agressivo com todo mundo, falando o mínimo que ainda conseguia, subestimava a todos os profissionais, inclusive a mim. Perguntava-me se ele não tinha o direito de querer um fígado "zero--quilômetro" para continuar bebendo em paz. Proibido de quase tudo, dentro de um esquema policialesco, C. T. ainda conseguiu beber álcool, "roubando-o" do carrinho de curativos, ensopando-o no algodão e colocando-o na boca, até a exaustão.

Evidentemente eu estava diante de uma patologia muito grave, mas o que pode um analista diante de um paciente que nada demanda? Creio que nada. Se todo o saber residia nele próprio, como atuar num campo onde não há transferência alguma? Esse é o tipo do caso que impossibilita a chance de um trabalho de análise na instituição, já que no consultório, muito dificilmente receberíamos um paciente desse.

Como era esperado, dentro em breve C. T. veio a falecer.

4.11. O caso de H. M.

H. M., dezenove anos, foi encaminhado pelo seu médico para atendimento psicoterápico no ambulatório, já que disse a ele que sabia que tinha problemas hepáticos, mas que, apesar de saber que se continuasse fazendo uso de drogas, o seu quadro iria se agravar muito, ele não conseguia se livrar dessa dependência.

Como tem sido frequente o tratamento bem-sucedido de casos de dependência de álcool e drogas em nosso ambulatório, o médico o enviou para que tratássemos de H. M.

Na sua primeira entrevista, H. M. chega e está muito ansioso. Peço-lhe, então, que me fale a que veio. H. M. fala durante quarenta minutos e me conta superficialmente não só do encaminhamento, mas também de toda a sua família, sua relação com o pai, a mãe, a irmã, as mulheres, os amigos. Todas essas relações eram fadadas ao insucesso, porque toda vez que H. M. percebia que alguém se interessava por ele, angustiado e sem entender o porquê dessa "desgraça" (sic), ele passava a ter ódio, muito ódio dessa pessoa, se desentendia, brigava, terminava se afastando. Segundo ele, drogava-se para suportar viver, apesar dessa coisa estranha que ele vinha sentindo desde que se entende por gente.

Pedi que ele me falasse sobre o uso de drogas e o que achava da determinação médica de ter de abandoná-lo.

H. M.: Pois é, doutora, as drogas me fazem muito bem. Só com elas eu consigo pensar em acordar no dia seguinte. Uma vez minha mãe me pediu que fizesse um esforcinho para deixar disso, e eu até tentei, mas com a cara limpa cheguei a pensar em me matar e matá-la também. Então é isso, eu sei, como o doutor aí já me falou, que usando as drogas eu também vou estar me matando, eu até concordo, sabe, mas acho que não faz muita diferença mesmo. Se é para viver de cara limpa, eu acho até que prefiro nem viver. Então, se eu parar de usar drogas hoje, eu morro amanhã. Se não, o doutor me disse que eu tenho ainda alguns anos de vida. Pesando na balança... Entendeu?

Eu: Entendi, entendi claramente. Seu raciocínio é absolutamente lógico. Eu só não entendi uma coisa.

H. M.: O quê?

Eu: Por que você, tão convencido de sua teoria como está, ainda se deu ao trabalho de se deslocar do Morumbi (onde o paciente mora), às 8 horas da manhã, para vir aqui me dizer tudo isso?

H. M.: Eu...? Como assim, doutora?

Eu: É isso, me fale.

H. M.: É... é porque meu pai me disse que, se eu não viesse para o doutor aí, do negócio do fígado, ele não vai mais me dar mesada e que ele vai sempre ligar para o doutor, como é mesmo o nome dele?, para perguntar se eu estou fazendo o tratamento direitinho, e aí o doutor disse que agora ele só vai tratar de mim se eu vier me tratar com a senhora. Entendeu?

Eu: Entendi, agora entendi. Você precisa do dinheiro que o seu pai lhe dá para continuar se drogando, não é?

H. M.: É, é isso, doutora e não adianta eu ir trabalhar porque eu não consigo sozinho, e meu pai disse que não arranja mais emprego para mim porque não suporta mais passar vergonha. Sabe como é, né?

Eu: H. M., que questão que seu pai faz de te ver vivo?

Ele chora, seu choro é mudo. Engole seco e me diz que:

H. M.: Nenhuma, se ele me quisesse vivo não me dava dinheiro, se ele me quisesse vivo não tinha me dado um tiro aqui na perna (mostra a perna operada) quando eu ainda era garoto e brincava de médico com minha irmãzinha. Ele tava bêbado, é verdade, como vive até hoje, mas... sei lá... Eu não quero mais falar nisso. Droga, pra que tudo isso?

Eu: H. M., seu pai paga para que você se mate, já que ele não conseguiu fazer isso?

Chocado, H. me olha como quem pela primeira vez escuta uma verdade.

H. M.: Eu nunca pensei assim...

Irritado, H. M. olha para o relógio fazendo menção de querer ir embora. Pensei no insucesso de suas relações, na vontade que tem de se afastar de quem se interessa por ele, e ali eu poderia já estar sendo interpretada por ele como muito interessada.

Enquanto interessada, jamais seria interessante para H. M. vir à análise se tratar. Sua demanda era de continuar drogando-se, assim ele morreria para satisfazer ao desejo do pai. No entanto, ele havia me dito que entre morrer amanhã e morrer daqui há alguns anos, ele preferia a segunda opção. Fiquei a me perguntar para quê? Para reconquistar o pai, que parecia ser a única pessoa da qual ele nunca quis se afastar, já que nunca se interessava por ele?

Impossibilitada pela própria situação de continuar lhe perguntando qualquer coisa, fui clara com ele.

Eu: Olha, H. M., tem um monte de coisas do que você falou aí que mereceriam o mínimo de cuidado, de tratamento, de análise, o que você preferir chamar. Mas vou te dizer uma coisa, se o seu desejo é continuar se drogando, seja lá pelo motivo que for, você vai perder tempo vindo para cá e eu também. Isso aqui é coisa para quem está desesperado de angústia, no fundo do poço, assim como você, só que com uma diferença, está pedindo por tudo para se livrar das drogas porque não suporta mais tanto sofrimento. Esse não é o seu caso e, portanto, o seu caso não me interessa.

Talvez essa fosse a única forma de sair do lugar que ele estava me colocando, transferindo para mim aquilo que ele faz com qualquer relação. Assustado, ele me pergunta:

H. M.: Doutora, como é que eu vou fazer se a senhora não vai querer me atender? Aí o doutor lá não me atende e aí meu pai... droga!

Eu: Seu pai... droga... o que é que tem?

H. M.: Posso falar para o doutor que a senhora não quis me atender?

Eu: Pode, é claro que pode. Diga para ele que o seu caso não me interessa. Que não vou aceitar você aqui.

Sorrindo, ele me pergunta:

H. M.: Doutora, e se ele mandar eu voltar?

Eu: Você diz que eu disse que você está de alta.

H. M.: E se eu quiser voltar?

Eu: Se quem quiser voltar?

H. M.: Eu, e se eu quiser voltar?

Eu: Aí você volta, que vou pensar se vale a pena te dar um horário, tá bom assim?

Satisfeito, ele me diz que está ótimo. Desconfiado, me agradece e sai.

Agora eu teria de me haver com o médico, se este viesse me perguntar que história é essa. Mas acho que não deve ser muito difícil para um médico inteligente entender o manejo que fiz.

Este é um caso onde houve, evidentemente, uma intervenção analítica, mas não se pode deixar de dizer que o seu efeito é absolutamente duvidoso, porque ele pode não ser imediato, e desta forma só poderíamos saber se houve de fato uma intervenção analítica bem-sucedida depois, *a posteriori*. É bem provável que no dia que H. M. puder suportar uma relação, ele se lembre da sessão única que teve comigo, porque, até então, ele havia passado por alguns médicos e outros tantos psicólogos, sempre abandonando-os sem "saco para continuar" *(sic)*. Ali ele pôde não abandonar, e talvez isso tenha o efeito de provocar-lhe uma demanda mais tarde. Tanto é assim que ele me pergunta o que fará se *quiser* voltar. Mas pode não ter efeito algum, pode ser que o desejo de morte (que é o desejo do Outro) seja mais eficaz.

Do ponto de vista da instituição de saúde, a eficácia desse atendimento é zero, mas esses são alguns obstáculos que o analista que trabalha na instituição precisa se arriscar a enfrentar, na medida em que privilegia o discurso do sujeito.

4.12. Não há análise sem analista

Este é um caso que vem ilustrar o quanto é impossível uma atuação analítica num lugar onde a entrada da Psicanálise é barrada, não só pela direção do hospital, mas pela própria equipe de Psicologia de um hospital psiquiátrico. Ali era um lugar onde isso era visto como algo absolutamente inapropriado e sem sentido. O objetivo dessa equipe era, na verdade, dar apoio aos médicos (e nem mesmo aos pacientes), na medida em que se propunha a testar os pacientes, já que os testes psicológicos ali eram considerados recursos bastante eficazes para descobrir a verdade de um sujeito.

Esses testes eram solicitados pelos médicos quando estes se viam com dificuldades para diagnosticar algum caso ou quando gostariam de obter medidas exatas a respeito de qualquer função psíquica que fosse possível de ser mensurada por aqueles instrumentos (inteligência, memória, atenção etc.).

Dessa forma, na enfermaria, o meu trabalho reduzia-se a assistir a reuniões semanais de supervisão em grupo de residentes, com o objetivo de aprender Psicopatologia segundo a ordem psiquiátrica a define. Normalmente, nessas reuniões, após a discussão de cada caso, a supervisora dos residentes pedia que trouxesse o paciente para uma entrevista aberta diante do grupo. Aí a atuação do psicólogo era meramente passiva, ele deveria aprender o jargão e a clínica psiquiátrica para assim ter mais recursos para prestar-lhe melhor os seus serviços.

Então, L., uma moça de quase dezessete anos, internada por depressão crônica, não dava uma só palavra desde que foi internada, e esse foi o motivo pelo qual sua família (mãe e irmã mais velha) resolveu interná-la. L. sempre foi triste, envergonhada, segundo contou sua mãe ao residente que a internara para investigação clínica, mas nos últimos dias a tristeza dela aumentara significativamente, sem que aparentemente nada tivesse acontecido. De repente L., que só respondia monossilabicamente a qualquer pessoa, deixara de responder por completo, e a partir daí não falava absolutamente mais nada.

Segundo o residente que a acompanhava já há quatro meses no ambulatório tratando de sua depressão com Tofranil, ele nunca conseguira extrair muita coisa da própria paciente, pois já que ela não falava muito, sempre quem respondia às suas perguntas era sua mãe ou sua irmã, dependendo de quem a acompanhasse na consulta.

Da sua história, ele conta que nada havia de muito significativo. Tratava-se de uma família normal, a mãe e a irmã trabalhavam honestamente na venda que o pai, falecido há quatro anos, deixara. Era evidente para a família e para o médico que a morte do seu pai tinha sido um fator importante que contribuiu para a depressão de L., mas já havia passado muito tempo, já era tempo de L. ter reagido, então não viam o menor sentido em relacionar o quadro atual com esse dado de sua história.

Nesse dia da reunião a que eu assistia, o caso apresentado foi o de L., pois, submetida a uma série de exames médicos detalhados, inclusive uma ressonância magnética do cérebro, todos apresentaram resultados absolutamente normais. Ao psicodiagnóstico L. não respondeu, ficando também a equipe de Psicologia impossibilitada de contribuir no processo de esclarecimento do caso.

Estando o grupo ciente do caso, a supervisora pediu para o residente trazer a paciente, autorizando a qualquer membro do grupo, inclusive a mim, a perguntar-lhe aquilo que quisesse e achasse que deveria.

A paciente chegou e foi colocada no centro da roda de pessoas, e ali começaram a questioná-la, sem nenhum sucesso. A paciente permanecia absolutamente muda, embora permanecesse bastante atenta a tudo que estava se passando ao seu redor. Chegara a ser ameaçada de ir para uma cirurgia da cabeça caso não falasse mais nada. Permanecia muda.

Fiquei observando esse cenário e, ao mesmo tempo que percebia a inutilidade daquele procedimento grupal, percebia também a impotência do discurso médico diante de alguém que não colaborava para que eles pudessem pôr em prática o seu saber. Na minha vez de perguntar, preferi não fazê-lo, já que para mim a única coisa que era evidente era que ela não queria ou não podia falar.

A título de curiosidade, a única pergunta que fiz durante esta reunião foi ao residente que apresentava o caso. Perguntei do que o pai havia falecido. Ele me disse que de câncer. Eu perguntei câncer de quê. Isso ele me disse que não sabia, nunca tinha se preocupado em perguntar sobre esse *detalhe*.

A paciente foi dispensada, e a preocupação da equipe era no sentido de decidir uma conduta adequada para o caso.

Na semana seguinte, para minha grande surpresa (cheguei a tomar um susto!), essa mesma paciente, L., me aborda no corredor e me diz que seu pai morreu de câncer nas cordas vocais.

Impressionada com esse "detalhe", como disse o médico, perguntei por que ela estava me contando isso.

L.: Porque a senhora perguntou.

Eu: Como é que foi isso, L.?

L.: Ele estava muito doente e já não podia falar mais nada. Nos meus braços, escreveu um bilhete me pedindo que não o deixasse morrer... E eu deixei.

L. fala pausadamente, como quem tem medo da própria fala. Perguntei-lhe se ela não queria ir para um lugar mais reservado para falar comigo, ao que ela me respondeu que não tinha mais nada para falar, mas que se eu quisesse ela podia ir. E continuei, ali mesmo:

Eu: L., você acha que poderia ter feito alguma coisa para impedir a morte de seu pai?

L.: Não sei, às vezes acho que sim.

Eu: Como você ia lutar contra uma doença que mata qualquer um?

L.: Não sei.

Eu: E por que você se sente culpada pela morte do seu pai, você tem que agora se privar da sua fala só porque ele estava privado da dele?

L. ameaça chorar. Mas me olha como quem pede socorro. Ela se retira em direção ao pátio e digo para ela que depois irei conversar com ela, e ela me responde afirmativamente com a cabeça.

Chegando no grupo, comentei esse fato, e eles acharam fantástico que a paciente pudesse ter voltado a falar, pois durante a semana haviam alterado a medicação e agora estavam vendo, pelo que eu acabara de comunicar, que a medicação fizera efeito. Naquela mesma reunião decidiram, portanto, pela alta de L., a quem nunca mais eu vi.

Quanto ao sintoma de L. e o câncer nas cordas vocais do pai, isso foi considerado uma mera coincidência, sem grande importância.

Ainda perguntei se eu poderia continuar atendendo a paciente no ambulatório, e esse pedido me foi negado.

Esse é um caso em que a intervenção analítica é impossibilitada, porque é impossibilitada a presença do analista neste lugar. E como não há análise sem analista... espero que o pouco que pude fazer por essa moça tenha lhe servido de alguma forma.

Capítulo 5

Considerações Finais – O Que Pode um Analista no Hospital?

... Aí eu queria ser psicanalista. Se a Psicanálise era a "ciência" que estudava o que está "por trás" do comportamento das pessoas, o que está nas entrelinhas do que as pessoas dizem; se a Psicanálise era um método capaz de revelar aquilo que há de mais verdadeiro no íntimo das pessoas e a respeito disso elas nada sabem; então era isso mesmo que eu queria ser, uma psicanalista, já que uma das coisas que mais me intrigava no contato com os humanos era a maneira pela qual eles faziam as suas escolhas.

Mas, para a minha decepção, logo fiquei sabendo que Psicanálise não era profissão, que eu não poderia me inscrever num vestibular para Psicanálise, porque não havia a faculdade de Psicanálise na Universidade. E o que me foi dito na época foi que, para ser psicanalista, eu deveria ou seguir a carreira dos meus pais e ser médica ou fazer vestibular para cursar Psicologia. Era preciso fazer essa escolha.

Foi a primeira vez que me vi dentro desse triângulo: Psicanálise, Medicina e Psicologia. E não é por acaso que hoje sou psicóloga, trabalho com médicos e me pergunto, afinal de contas, "o que pode um analista no hospital?"

Evidentemente não foi uma escolha fácil essa do "meio de caminho" para conseguir ser psicanalista. Naquela época eu não entendia muito essa exigência (e hoje entendo muito menos!), mas, se era assim, eu precisava decidir. Apesar de ser filha de médicos e enxergar a Medicina como algo indispensável na vida de qualquer pessoa, estudar o corpo humano em detalhes e tratar de suas doenças não era uma ideia que me parecia atraente. Eu me interessava pelo que as pessoas faziam, sentiam, falavam, como elas se comportavam, inclusive quando estavam doentes.

Visando a Psicanálise, entre Medicina e Psicologia, preferi a segunda, já que era o que estava mais próximo do que eu queria. Enquanto estudante da Ciência do comportamento, me propus a estudá-lo e, ao mesmo tempo, comecei a minha formação em Psicanálise e o meu percurso enquanto analisanda.

Com o tempo, como era de se esperar, comecei, ainda como estagiária, a clinicar. Apesar de tantas dificuldades, muitas delas inesquecíveis, a cada dia eu tinha mais confiança em Freud, a cada atendimento que fazia passava a acreditar mais, com muita convicção, na eficácia terapêutica daquele método, ainda que me considerasse muito jovem para ser uma boa analista. Mas foi sempre com a intenção de me aprimorar na "profissão" que eu havia escolhido que avancei até aqui.

Em 1986, pela primeira vez, entrei num hospital para trabalhar. O material humano me encantou. As pessoas ali internadas demandavam escuta, mas, desde então, segundo os próprios médicos, o que os pacientes necessitavam do psicólogo era uma espécie de apoio que eles, médicos, não tinham tempo nem condição para dar, e que fazer Psicanálise, ali no hospital, "nem pensar!"

Mas eu pensava nisso. Como é que eu ia fazer Psicanálise ali? Isso era uma questão para mim. Por outro lado, dar apoio era algo que seguramente eu não saberia fazer, pois achava meio esquisita essa função que me era designada. Confesso que até tentei, mas quase nunca obtive resultados dignos de nota. Decididamente não era essa a minha vocação, e além do mais eu não sabia se era isso mesmo que os pacientes pediam.

Com uma dificuldade quase insuperável de abandonar a Psicanálise e com um desejo grande de atender àqueles doentes que demandavam escuta, decidi não recuar, e foi aí que me fiz, pela primeira vez, a pergunta que dá título a este trabalho.

Evidentemente foi preciso repensar toda a Psicanálise, retirá-la do âmbito das regras e situá-la no campo da Ética para poder entender o que se faz quando se faz Psicanálise.

Considerações Finais

Foi a partir do contato com os doentes e com a equipe multiprofissional que, numa eterna articulação entre teoria e prática, algumas respostas foram se esboçando. O que um analista pode num hospital, concluo, não é mais nem menos do que ele pode em qualquer lugar. O que um analista pode fazer se aproxima bastante daquilo que ele deve fazer, daquilo que é a sua função.

Evidentemente essa questão fica mais realçada quando o analista está exposto no cenário hospitalar, pois, como temos visto, ele é obrigado a lidar com muitas outras variáveis que não se apresentam no seu trabalho em consultório particular. No entanto, apto para isso, ciente de sua função e dos seus limites, é bem provável que consiga fazer um trabalho rico e eficaz.

O que é função central do analista é oferecer uma escuta diferenciada ao paciente, diferenciada daquele que é o discurso que reina no contexto hospitalar, o discurso médico. Na medida em que o analista promove a fala do sujeito e o escuta a partir de uma posição diferente (que é a posição analítica), abre a possibilidade de o próprio sujeito escutar-se, propiciando, desta forma, a subjetivação.

Ao final desse percurso, o que fica muito claro é que o analista tem espaço no hospital justamente porque trata da subjetividade, esta que é posta de lado, recalcada por uma necessidade da ordem médica. Concluímos, então, que é perfeitamente possível a presença *continuada* do analista no hospital porque esta garante a possibilidade de a ordem médica continuar com mais tranquilidade, excluindo a subjetividade do paciente para poder tratar daquilo que é o seu objetivo primeiro, a doença. Se o médico tivesse recursos para tratar da subjetividade, muito provavelmente o analista seria dispensado.

Isso quer dizer que o encontro do médico com o analista só é possível e pacífico a partir mesmo dessa antinomia radical das posições de cada um. O trabalho em equipe tem sido possível por meio do reconhecimento das diferenças e, consequentemente, do respeito e da consideração pelo trabalho de cada um. E foi justamente partindo dessas diferenças que vim percorrendo o meu caminho até hoje, atuando no hospital como analista, vendo o fruto do meu trabalho em muitos casos e vendo as limitações de minha ação em muitos outros.

Foram analisados, à luz da Psicanálise, alguns fatores que poderiam servir como verdadeiros obstáculos à atuação do analista no hospital, e a partir daí concluímos que, excluindo dificuldades pessoais do profissional, limitações orgânicas do paciente (que impedem a fala e o raciocínio) e a falta de manejo dos conceitos (e não preconceitos) psicanalíticos, os obstáculos realmente eficazes que impedem que se dê um processo de análise são: a falta do que definimos como *analista*, a falta de *demanda de análise* por parte do paciente e o não estabelecimento daquilo que definimos como *transferência*.

Se foi feita uma leitura psicanalítica do discurso médico, e se isso em alguns momentos pareceu ser drástico, foi justamente para que os psicanalistas pudessem atentar para os seus prováveis "deslizes". É muito fácil, quando não se tem uma delimitação clara dessa antinomia, que aconteça de o psicanalista perder o seu rumo, esquecendo da singularidade e da originalidade de sua clínica. Situado na posição analítica e sem abandonar o discurso que lhe é próprio, quando o analista pode lidar com as limitações existentes no hospital, sua intervenção pode ter um alcance e uma eficácia muito maiores do que comumente se possa imaginar.

Este trabalho significou para mim mais do que uma luta, foi uma conquista pessoal. Resta saber agora qual é, depois de tudo, o futuro do analista no hospital, pois o que espero, mais do que nunca, é que a partir daqui este futuro seja sempre mais promissor!

No início da pesquisa a minha intenção era apenas tentar responder, para mim mesma, "o que pode um analista no hospital". Este objetivo posso dizer que consegui atingi-lo, porém às custas de muito sofrimento, pois, diante de tantas diferenças e dificuldades, em alguns momentos achei que não tinha mais o que fazer no hospital. Mas, curiosamente, a cada início de tentativa de desistência acontecia algo que me fazia crer que essas dificuldades eram inerentes ao meu caminho e que era preciso suportá-las, interpretá-las, para vencê-las.

Agora, no fim, depois de toda essa reflexão, comecei a me perguntar qual é a proposta que tenho para fazer ao público, a partir da pergunta de outros: "Você está propondo um cargo a mais a ser criado no quadro de funcionários do hospital? Numa equipe multiprofissional existiria, além do psicólogo, também um psicanalista? Chegaríamos a ter, no hospital, uma Divisão de Psicanálise?"

Essas perguntas me fizeram lembrar que, durante a pesquisa, tive a oportunidade de conversar com o psicanalista francês J. A. Miller, que ficou um pouco surpreso ao saber que no Brasil, nas instituições de saúde, não era comum existir Departamentos de Psicanálise, já que isso é tão comum na França, já há muito tempo. Ele me perguntou por que para um psicanalista exercer a Psicanálise no hospital ele teria de falar de mudança de metodologia, de um trabalho feito com base analítica, porém com uma técnica alterada, já que a Psicanálise, tal como ela é, se presta tão bem ao atendimento de doentes. Era justamente esta a minha questão, questão que foi a mola-mestra do meu trabalho, do início ao fim.

Mas voltando à questão das propostas: não, em absoluto, não são essas as minhas propostas, jamais tive a pretensão de propor algo desse porte. Jamais pretendi generalizar a minha forma de trabalho provando que ela é melhor do que qualquer outra. Mesmo porque, a essas alturas, isso seria de uma ingenuidade descabida! Essa forma de trabalho servia para mim, e a cada dia eu podia enxergar a riqueza dos seu efeitos.

O que posso dizer, por enquanto, é que me proponho apenas a trabalhar com coerência, referenciada numa teoria que acredito e acho válida, e o que pretendo mostrar, também por meio dessa dissertação, é que esse trabalho pode ser eficaz. Mas não pretendo que isso seja uma postura adotada pela maioria das pessoas, pois acredito piamente na liberdade de opção de cada um e não acho que quem não faz Psicanálise no hospital não está fazendo um trabalho válido. É válido sim, desde que o profissional saiba o que está fazendo, acredite no seu método e possa transmiti-lo a quem por ele se interessar.

Se tenho algo a propor ao público, não sei..., mas proponho, então, que se pense a respeito da dita necessidade de mudança de técnica que muitas vezes descaracteriza a Psicanálise e que se pense também se aquilo que está sendo alterado é mesmo próprio dos fundamentos da Psicanálise. Foi isso o que me propus a fazer, primeiro, para mim mesma. Mas a partir do momento em que fui designada pela Divisão de Psicologia do Instituto Central do Hospital das Clínicas para assumir a função de supervisora responsável pelo Setor de Psicologia da Unidade de Fígado, comecei a ver o meu trabalho crescer para além de mim mesma.

Supervisionando o trabalho de outros psicólogos, comecei a passar para essas pessoas algo do que eu já sabia e também muito daquilo que eram as minhas questões. Em torno destas questões foram se formando grupos de estudos dentro e fora do hospital, e a partir daí a minha questão de mestrado era debatida a cada dia, em diversos lugares.

Com o tempo, os profissionais que foram nossos "estagiários" e que ao final do período iam embora dali continuavam, a partir do seu próprio desejo, esse tipo de trabalho em outro hospital, implantando o Serviço de Psicologia dentro dos referenciais que haviam aprendido ali em nossa clínica, continuando sob minha supervisão. A partir de então outros profissionais de outros hospitais começaram a ter conhecimento dessa forma de trabalho e me procuravam em busca de supervisão, de cursos, de conferências. Assim eu vi uma ideia, uma proposta que era individual, interessar a outras pessoas, e, naturalmente, não interessar a muitas outras.

Enfim, este trabalho fica aí para quem por ele possa se interessar. Ele é feito também para aquelas pessoas que, ao encontrarem nos fundamentos da Psicanálise base segura para referenciar a sua prática, querendo atuar com pacientes hospitalizados, encontraram grande dificuldade em deixar de ser fiéis àquilo que acreditam.

Referências Bibliográficas

ATTIÉ, J. "A questão do simbólico". In: *Falo. Revista Brasileira do Campo Freudiano*. Salvador, Fator, 1, p. 95-102.

BENJAMIN, A. *A entrevista de ajuda*. 1. ed., São Paulo, Martins Fontes, 1978.

BLEGER, J. *Temas de psicologia: entrevista e grupos*. 1. ed., São Paulo, Martins Fontes, 1980.

BLEICHMAR, H. *Introdução ao estudo das perversões: a teoria do Édipo em Freud e Lacan*. Porto Alegre, Artes Médicas, 1984.

CLAVREUL. J. *A ordem médica*. São Paulo, Brasiliense, 1983.

COTTET, S. *Freud e o desejo do psicanalista*. Rio de Janeiro, Jorge Zahar, 1989.

DOR. J. *Introdução à leitura de Lacan: o inconsciente estruturado como linguagem*. 3. ed. Porto Alegre, Artes Médicas, 1992.

FIORINI, H. *Teoria e técnica de psicoterapias*, 2. ed. Rio de Janeiro, Francisco Alves, 1978.

FOUCAULT. M. *O nascimento da clínica*. Rio de Janeiro, Forense-Universitária, 1978.

FREUD, S. "A psicoterapia da histeria" (1893-95). In: *Obras completas de Sigmund Freud*. Rio de Janeiro, Imago, 1974, v. II.

——————. "A interpretação de sonhos" (1900). In: *Obras completas de Sigmund Freud*, Rio de Janeiro, Imago, 1974, v. IV-V.

FREUD, S. "A psicopatologia da vida cotidiana" (1901). In: *Obras completas de Sigmund Freud*. Rio de Janeiro, Imago, 1974, v. VI.

_____. "O método psicanalítico de Freud" (1904). In: *Obras completas de Sigmund*. Rio de Janeiro, Imago, 1974, v. VII.

_____. "Sobre a psicoterapia" (1905). In: *Obras completas de Sigmund Freud*. Rio de Janeiro, Imago, 1974, v. VII.

_____. "Os chistes e sua relação com o inconsciente" (1905). In: *Obras completas de Sigmund Freud*. Rio de Janeiro, Imago, 1974, v. VIII.

_____. "As perspectivas futuras da terapêutica psicanalítica" (1910). In: *Obras completas de Sigmund Freud*. Rio de Janeiro, Imago, 1974, v. XI.

_____. "Psicanálise silvestre" (1910). In: *Obras completas de Sigmund Freud*. Rio de Janeiro, Imago. 1974, v. XI.

_____. "A dinâmica da transferência" (1912). In: *Obras completas de Sigmund Freud*. Rio de Janeiro, Imago, 1974, v. XII.

_____. "Recomendações aos médicos que exercem a psicanálise" (1912). In: *Obras completas de Sigmund Freud*. Rio de Janeiro, Imago, 1974, v. XII.

_____. "Sobre o início do tratamento" (1913). In: *Obras completas de Sigmund Freud*. Rio de Janeiro, Imago, 1974, v. XII.

_____. "Recordar, repetir e elaborar" (1914). In: *Obras completas de Sigmund Freud*. Rio de Janeiro, Imago, 1974, v. XII.

_____. "Observações sobre o amor transferencial" (1915). In: *Obras completas de Sigmund Freud*. Rio de Janeiro, Imago, 1974, v. XII.

_____. "Os instintos e suas vicissitudes" (1915). *Obras completas de Sigmund Freud*. Rio de Janeiro, Imago, 1974, v. XIV.

_____. "Repressão" (1915). In: *Obras completas de Sigmund Freud*. Rio de Janeiro, Imago, 1974, v. XIV.

_____. "O inconsciente" (1915). In: *Obras completas de Sigmund Freud*. Rio de Janeiro, Imago, 1974, v. XIV.

_____. "Conferência XVI: Psicanálise e Psiquiatria" (1917). In: *Obras completas de Sigmund Freud*. Rio de Janeiro, Imago, 1974, v. XVI.

_____. "Conferência XVII: O sentido dos sintomas" (1917). In: *Obras completas de Sigmund Freud*. Rio de Janeiro, Imago, 1974, v. XVI.

FREUD, S. "Conferência XIX: Resistência e repressão" (1917). In: *Obras completas de Sigmund Freud*. Rio de Janeiro, Imago, 1974, v. XVI.

──────. "Conferência XXIII: Os caminhos da formação dos Sintomas" (1917). In: *Obras completas de Sigmund Freud*. Rio de Janeiro, Imago, 1974, v. XVI.

──────. "Conferência XXVII: Transferência" (1917). In: *Obras completas de Sigmund Freud*. Rio de Janeiro, Imago, 1974, v. XVI.

──────. "Conferência XXVIII: Terapia analítica" (1917). In: *Obras completas de Sigmund Freud*. Rio de Janeiro, Imago, 1974, v. XVI.

──────. "Linhas de progresso na terapia psicanalítica" (1919). In: *Obras completas de Sigmund Freud*. Rio de Janeiro, Imago, 1974, v. XVII.

──────. "'O 'estranho'" (1919). In: *Obras completas de Sigmund Freud*. Rio de Janeiro, Imago, 1974, v. XVII.

──────. "Além do princípio do prazer" (1920). In: *Obras completas de Sigmund Freud*. Rio de Janeiro, Imago, 1974, v. XVIII.

──────. "Neurose e psicose" (1924). In: *Obras completas de Sigmund Freud*. Rio de Janeiro, Imago, 1974, v. XIX.

──────. "A dissolução do complexo de Édipo" (1924). In: *Obras completas de Sigmund Freud*. Rio de Janeiro, Imago, 1974, v. XIX.

──────. "A perda da realidade na neurose e psicose" (1924). In: *Obras completas de Sigmund Freud*. Rio de Janeiro, Imago, 1974, v. XIX.

──────. "Algumas conseqüências psíquicas da distinção anatômica entre os sexos" (1925). In: *Obras completas de Sigmund Freud*. Rio de Janeiro, Imago, 1974, v. XIX.

──────. "Um estudo autobiográfico" (1925). In: *Obras completas de Sigmund Freud*. Rio de Janeiro, Imago, 1974, v. XX.

──────. "Inibições, sintomas e ansiedade" (1926). In: *Obras completas de Sigmund Freud*. Rio de Janeiro, Imago, 1974, v. XX.

──────. "A questão da análise leiga" (1926). In: *Obras completas de Sigmund Freud*. Rio de Janeiro, Imago, 1974, v. XX.

──────. "O futuro de uma ilusão" (1927). In: *Obras completas de Sigmund Freud*. Rio de Janeiro, Imago, 1974, v. XXI.

──────. "O mal-estar na civilização" (1930). In: *Obras completas de Sigmund Freud*. Rio de Janeiro, Imago, 1974, v. XXI.

FREUD, S. "Conferência XXXIV: Explicações, aplicações e orientações" (1933). In: *Obras completas de Sigmund Freud*. Rio de Janeiro, Imago, 1974, v. XXII.

——————. "Análise terminável e interminável" (1937). In: *Obras completas de Sigmund Freud*. Rio de Janeiro, Imago, 1974, v. XXIII.

——————. "Construções em análise" (1937). In: *Obras completas de Sigmund Freud*. Rio de Janeiro, Imago, 1974, v. XXIII.

——————. "A divisão do ego no processo de defesa" (1940). In: *Obras completas de Sigmund Freud*. Rio de Janeiro, Imago, 1974, v. XXIII.

——————. "Esboço de psicanálise" (1940). In: *Obras completas de Sigmund Freud*. Rio de Janeiro, Imago, 1974, v. XXIII.

GREENSON, R. *A técnica e a pratica da psicanálise*. Rio de Janeiro, Imago, 1981, v. 2.

KATZ, C. *Ética e psicanálise: uma introdução*. 1. ed. Rio de Janeiro, Graal, 1984.

LACAN, J. "Le stade du miroir comme formateur de la fonction du Je" (1936). In: *Écrits*, Paris, Seuil, 1966. p. 93-100.

——————. "Intervenção sobre a transferência" (1951). In: *Jacques Lacan: escritos*, 3. ed. São Paulo, Perspectiva, 1992, p. 87-99.

——————. "Função e campo da fala e da linguagem em psicanálise" (1953). In: *Jacques Lacan: escritos*. 1. ed. São Paulo, Perspectiva, 1992, p. 101-187.

——————. "Variantes de la cure-type" (1953). In: *Écrits*, Paris, Seuil, 1966, p. 323-62.

——————. *O seminário, livro 1: os escritos técnicos de Freud* (1953-54). 2. ed. Rio de Janeiro, Jorge Zahar, 1983.

——————. *O seminário, livro 3: as psicoses* (1955-56). 2. ed. Rio de Janeiro, Jorae Zahar, 1985.

——————. "D'une question préliminaire à tout traitment possible de la psycose" (1955-56). In: *Écrits*, Paris, Seuil, 1966, p. 531-83.

——————. "La Relation d'objet et les structures freudiennes" (1956-57), ainda inédito. Um resumo redigido por J.-B. Pontalis (e aprovado por Lacan) foi publicado no *Bulletin de Psychologie*, 1956-57, tomo X, 7,

p. 426-30; 10, p. 602-5; 12, p. 742-43; 14, p. 851-54; 1957-58. Tomo XI, 1, p. 31-34.

LACAN, J. "A instância da letra no inconsciente ou a razão desde Freud" (1957). In: *Jacques Lacan: escritos*. 3. ed. São Paulo, Perspectiva, 1992, p. 23-59.

——————. "Les Formations de l'inconscient" (1957-58), ainda inédito. Um resumo redigido por J.-B. Pontalis (e aprovado por Lacan) foi publicado no *Buletin de Psychologie*, 1957-58, tomo XI, 4-5, p. 293-96; 1957-58, tomo XII, 2-3, p. 183-92; 4, p. 250-56.

——————. "La direction de la cure et les principes de son pouvoir" (1958). In: *Écrits*, Paris, Seuil, 1966. p. 585-645.

——————. "A significação do falo" (1958), in: *Jacques Lacan: escritos*. 3. ed. São Paulo, Perspectiva, 1992, p. 261-73.

——————. *O seminário, livro 6: o desejo e sua interpretação* (1958-59), seminário inédito.

——————. *O seminário, livro 7: a ética da psicanálise* (1959-60), Rio de Janeiro, Jorge Zahar, 1988.

——————. "Position de l'inconscient" (1960). In: *Écrits*, Paris Seuil, 1966, p. 829-50.

——————. "Subversão do sujeito e dialética do desejo no inconsciente freudiano" (1960). In: *Jacques Lacan: escritos*. 3. ed. São Paulo, Perspectiva, 1992, p. 275-311.

——————. *O seminário, livro 8: a transferência* (1960-61). Rio de Janeiro, Jorge Zahar, 1992.

——————. "Psicoanalisis y medicina" (1966). In: *Intervenciones y textos*, Buenos Aires, Manantial. 1991, p. 86-99.

——————. *O seminário, livro 17: o avesso da psicanálise* (1969-70). Rio de Janeiro, Jorge Zahar, 1992.

——————. *O seminário, livro 20: mais, ainda* (1972-73), Rio de Janeiro, Jorge Zahar, 1982.

LAPLANCHE, J. *Vida e morte em psicanálise*, Porto Alegre, Artes Médicas, 1985.

LAPLANCHE, J.; PONTALIS, J.B. *Vocabulário da psicanálise*. 3. ed. Santos, Martins Fontes, 1977.

MANNONI, M. *O psiquiatra, seu "louco" e a psicanálise*. 2. ed. Rio de Janeiro, Zahar, 1981.

MANNONI, M. *A primeira entrevista em psicanálise*. 3. ed. Rio de Janeiro, Campus, 1983.

MILAN, B. "O ato aberrante". In: *O que pode um analista?*, Salvador, Vozes, 1991, p. 239-45.

MILLER, J-A. "Psicanálise e psiquiatria". In: *Falo, Revista Brasileira do Campo Freudiano*, Salvador, Fator, 1987, 1, p. 113-224

——————. "A entrada em análise". In: *Falo, Revista Brasileira do Campo Freudiano*, Salvador, Fator, 1988, 2, p. 87-152.

——————. "Clínica sob transferência". In: *Irma, Clínica lacaniana*, textos da Revista *Ornicar?* reunidos por Manuel Barros da Motta, Rio de Janeiro, Jorge Zahar, 1989, p. 9-13.

——————. "Otro Lacan". In: *Matemas I*. Buenos Aires, Manantial, 1987, p. 107-116.

——————. "Introdução a um discurso do método analítico – Primeira conferência" (1987). In: *Falo, Revista Brasileira do Campo Freudiano*, Salvador, Fator, 1988, 2, p. 87-96.

——————. "Diagnóstico psicanalítico e localização subjetiva – Segunda conferência" (1987). In: *Falo, Revista Brasileira do Campo Freudiano*. Salvador, Fator, 1988, 2, p. 97-115.

——————. *Percurso de Lacan: uma introdução*. Rio de Janeiro, Jorge Zahar, 1987.

——————. *Recorrido de Lacan: ocho conferencias*. 2. ed. Buenos Aires, Manantial, 1986.

NASIO, J. D. *Os olhos de Laura: o conceito de objeto a na teoria de Lacan*. Porto Alegre, Artes Médicas, 1991.

——————. *Lições sobre os 7 conceitos cruciais da psicanálise*. 2. ed. Rio de Janeiro, Jorge Zahar, 1991.

PLATÃO, "O banquete". In: *Diálogos/Platão*. 5. ed. São Paulo, Nova Cultural, 1991. (*Os pensadores.*)

QUINET, A. *As 4 + 1 condições da análise*. Rio de Janeiro, Jorge Zahar, 1991.

——————. *A clínica da psicose*. Salvador, Fator, 1986.

RACKER, H. *Estudos sobre técnica psicanalítica*. Porto Alegre, Artes Médicas, 1982.

SAUSSURE, F. *Curso de linguística geral*. 4. ed. São Paulo, Cultrix, 1972.

SILVESTRE, M. "Cálculo da clínica". In: *Clínica lacaniana – publicação de psicanálise da Biblioteca Freudiana Brasileira*. São Paulo, 1987, 2, p. 35-49.

——————. "A transferência é amor que se dirige ao saber". In: MILLER,G. (org.), *Lacan*. Rio de Janeiro, Jorge Zahar, 1989, p. 92-101.

——————. *Amanhã, a psicanálise*. Rio de Janeiro, Jorge Zahar, 1991.

——————. "El manejo de la transferência". In: Revista Analítica, Caracas, 1980, 3-4. p. 57-62.

SÓFOCLES, "Édipo Rei". In: *A trilogia tebana*. 2. ed. Rio de Janeiro, Jorge Zahar, 1991, p. 19-99.

SOLER, C. *Artigos clínicos*. Salvador, Fator, 1991.

——————. "Fines del analisis: historia y teoria". In: *Finales de analisis*, Buenos Aires, Manantial, 1988, p. 7-66.

——————. "Lacan y el banquete". In: *Lacan y el banquete*, Buenos Aires, Manantial, 1992, p. 13-43.

——————. "O tempo em análise". In: *Falo, Revista Brasileira do Campo Freudiano*. Salvador, Fator, 1988, 1, p. 81-91.

VIDAL, E. "Ato e tempo". In: *Falo, Revista Brasileira do Campo Freudiano*. Salvador, Fator, 1988, 1, p. 51-58.

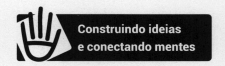

Este livro foi composto com tipografia Goudy Oldstyle Std e impresso em papel Pólen Soft 80g/m² em novembro de 2023.

Impressão e Acabamento | Gráfica Viena
Todo papel desta obra possui certificação FSC® do fabricante.
Produzido conforme melhores práticas de gestão ambiental (ISO 14001)
www.graficaviena.com.br